脳科学と2つの統合モデルで越える7つの壁

心理カウンセリング熟練へのロードマップ

SUGIYAMA TAKASHI
杉山 崇 /著

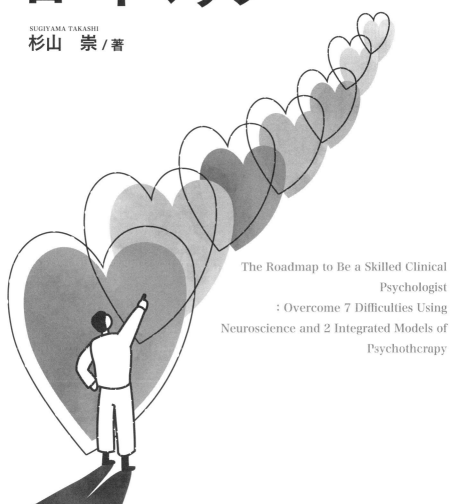

The Roadmap to Be a Skilled Clinical Psychologist
: Overcome 7 Difficulties Using Neuroscience and 2 Integrated Models of Psychothcrapy

誠信書房

まえがき：カウンセリングでみんなをもっと幸せに‼

■カウンセリングとは人と人が向き合うことで良質な変化が起こるもの

　突然ですが質問です。「生きる」とは何でしょうか。あなたなら，どう答えますか。

　もちろん，さまざまな答えがあることでしょう。ですが，この本ではある一つの答えを共有させてください。この一つの答えが，カウンセリングの「本質」への最も重要な入口だからです。

　その答えとはズバリ「生きるとは，"悩む"こと」です。極端なことを言えば，私たちはすべてを諦めつくしてしまえば悩みません。私たちはより良く生きたいと願うから，悩むのです。つまり，悩むとは「より良く生きたいという意志」を表すものにほかなりません。

　そして，「ヒト」が最も敏感に反応する刺激は「ヒト」です。特に，ヒトの表情に強く反応するように作られています。言い換えれば，人と人とが向き合えば，相互に反応してお互いに何かの変化が起こるのです。カウンセリングとは，人と人が向き合うことで生じる変化を，クライエントがより良く生きるための良質変化にする営みです。

■「より良く生きる」意志を慈しむことがカウンセリングの第１歩

　カウンセリングにおいでになる方は，悩んでいるから来るのです。悩みの内容はそれぞれの立場や状況でまったく異なりますが，「より良くしたい」というお気持ちがあるから，おいでになるのです。

　あらゆるカウンセリングの基本は，この相談者の「より良くしたい」という意志を慈しむことから始まります。自分の「より良くしたい」という意志が誰かに支持され，大切されると，あなたはどう感じますか。前向きな気持になれるのではないでしょうか。

私たちカウンセラーにとって最も大事なことは，クライエントの意志への最大の協力者（パートナー）として存在することです。カウンセリングの効果を検討する文脈では，このようなカウンセラーと相談者の関係性こそが，私たちが直接関与できる最大の効果要因とも言われています（たとえば，Wampold, 2015）。

　本書を手にしているあなたは，より良いカウンセリングを志していることでしょう。であれば，まずは悩みの背景にある「より良く生きたい」という意志に関心を向けることが，絶対的な基本なのです。このことを，カウンセラーとして常に忘れないようにしてください。

■カウンセリングの上達には壁がある

　さて，ここで本書と筆者について少々説明させてください。本書は，あなたの「より良いカウンセリングをしたい」という意志を支えるために書いています。

　筆者は1994年から，心理療法家，カウンセラー／コンサルタント，時には心理検査の開発者として，心理支援の最前線で活動しています。2000年頃からは，実務家を目指す方々の指導者としても活動してきました。

　まあまあ長く続けています。しかし，この仕事に飽きたことがありません。現場では多くのお悩みがあふれています。相談者とご一緒に頭を抱えることも多いのですが，日々，新鮮な「より良く生きたい」という意志に触れることができます。これは私には大きな喜びです。

　そんな私の指導者としての目標は，「初級者（Trainee）」のみなさんにカウンセリングの名人になっていただいて，多くの人を幸せにしていただくことです。言うならば，「私たちのカウンセリングで全人類をもっと幸せに！」が私の目標です。

　ですが，ここまでの指導者経験の中でくり返し実感している困難があります。初級者の方がクライエントを幸せにできる熟練の名人レベル（Skilled Practioner）にシフトチェンジする過程に，いくつかの壁があることです。

　一つ，二つの壁であれば，直観的にスイスイと乗り越えられる人もいま

す。しかし，すべての壁をスルッと乗り越える方は稀な印象です。これは私にとってはとても残念なことです。

■あまり語られないカウンセリングの真相

そこで，より良いカウンセリングを目指すすべての方に熟練レベルになっていただくため，本書を書きました。目次にあるように，あまり語られることがないカウンセリングの真相が多いでしょう。特に，傾聴の限界とその処方箋は，あまり知られていません。本書では，このような他ではあまり教わらない真相をお伝えしたいと思います。

もちろん，熟練の技量を持つためには，それぞれの課題への処方箋を，スーパーヴィジョンなどの個別指導の中で見つける必要もあります。いずれ，あなたと私にもそのような機会があればとも願っていますが，まずは「みんなが陥りがちな落とし穴」とその乗り越え方を解説した本書で，初級レベルから熟練レベルへのステップアップを目指していただければ幸いです。

■本書におけるカウンセリングの捉え方について

カウンセリングとは，本来は非常に幅広い概念です。日本では心に働きかける面接全般を，「心理カウンセリング」と呼ぶ場合もあります[*1]。フィールドや目的によって，心理療法（治療を目的とした面接技法），キャリアコンサルティング，教育相談，産業保健面接，司法面接，コンプライアンス面接など，呼ばれ方もさまざまです。対象も，子どもから学生，勤労者，被疑者，被害者，精神疾患の患者，あるいはその関係者など，多岐にわたります。

筆者はこれらのすべてのフィールドで，幅広い年齢層の方々とのカウンセリングを行ってきましたが，どのフィールドにおいても初級レベルから熟練レベルへとステップアップするには，「共通の壁」があると実感しています。

---

*1 欧米ではカウンセリングと心理療法は区別されていますが，本書はその共通基盤を扱います。そこで，タイトルは「心理カウンセリング」とし，本文中ではカウンセリングと表記しています。

そこで，本書ではフィールドや対象者を限定せず，心が関わる面接のすべての基盤と言える，熟練のカウンセリングを身につけることを目標にしました。どうか，「必ず熟練レベルに到達する」という意志を持って，本書を読み込んでください。

■想像力を働かせながら読んで，熟練へとステップアップ　してください！

　最後に，本書でステップアップするための大事なお願い事を，お伝えさせてください。本書は可能な限り，あなたの想像力を刺激できるように事例や場面を描いています。それらの描写について，どうかあなたも登場人物と「同じ景色」が見えるくらいに，想像力を膨らませてください。

　実はカウンセリングの基礎とされる共感的理解を支える力は，想像力です。本書を読むことを，想像力のトレーニングとしてほしいのです。こうして培った想像力は，あなたのカウンセリングの頼れる相棒になることでしょう。

　本書によって，あなたのカウンセリングが熟練の領域にステップアップすること，そしてあなたが多くの人のお力になれることを願っています。さあ，ご一緒に，想像力を働かせながら，じっくりと読み進めてください。

目　次

まえがき：カウンセリングでみんなをもっと幸せに‼　　*iii*

第1章　カウンセリングのロードマップ，変化のステージモデル と3階層モデル ———————————————————— *1*

1. カウンセリングにロードマップは必要か ……………………………… *1*

2. 変化のステージモデルと依存 ………………………………………… *5*

3. 3階層モデル（3フェーズモデル）…………………………………… *6*

4. 本書の概要：なぜ関係構築が最重要なのか ………………………… *10*

第2章　関係構築という壁 ：クライエントに拒絶されないための覚書 ————— *13*

1. 傾聴とイライザ（ELIZA）効果 ……………………………………… *14*

2. 関係構築と共同注視 …………………………………………………… *16*

3. クライエントに拒絶されないための心理学的覚書 ………………… *19*

4. 学校に行けない子どもと大人の場合 ………………………………… *23*

5. クライエントの自発的な来談ではない場合 ………………………… *26*

6. 批評の例外：批評が尊重になる場合 ………………………………… *28*

7. 「ペルソナ」で来談している人は要注意 …………………………… *30*

第3章　傾聴という壁
：「受容・共感・自己一致」より「存在感」を ——— 35

1. 傾聴とは「受容・共感・自己一致」？ ………………………………… 36
2. 母性的風土とその効果 …………………………………………………… 40
3. 「相談して良かった！」と感じていただくために …………………… 43
4. 存在感を磨くためのトレーニング ……………………………………… 46
5. 共感の質と効果的なカウンセラーの存在感を示唆する研究 ……… 47
6. 共感の質を意識した傾聴テクニック：期待を裏切らないための
   関与観察との併用 ………………………………………………………… 48

第4章　脳科学という壁
：心の痛みと生き残るための「ウマの脳」 ——— 54

1. 私たちはなぜ脳について学んでこなかったのか ……………………… 54
2. 受容・共感はかなり強力に脳に効く ………………………………… 56
3. 私たちが「やってはいけない」リアクションとは ………………… 65

第5章　カール・ロジャーズという壁
：「聴くこと」だけで展開はできる？ ——— 72

1. 「聴いているだけ」ではカウンセリングにならないケース ………… 72
2. 「counseling」の本来の意味とロジャーズの活動の意味 …………… 77
3. ロジャーズの方法論で効果があるクライエント，ないクライエント …… 83
4. ロジャーズの方法論が想定するクライエント ……………………… 90

第6章　人間観の進化という壁
：脳科学の進歩とカウンセリングの技法の進化 —— 94

1. カウンセリングの大家とされる先人の人間観と本書の「人間観」……… 94
2. 心と脳の進化，カウンセリングの進化 ………………………………… 95
3. 重い抑うつ状態の方の脳内は？ ………………………………………… 96
4. 何でも人のせいにする人の脳内は？ …………………………………… 107
5. 変化のステージを進めないクライエントへの対応法 ………………… 110

第7章　主訴と現実検討という壁
：ウェルフォームド・ゴールを目指す —— 112

1. 目的・目標の共有以降のカウンセリング ……………………………… 113
2. 傾聴だけでは本当にダメなのか ………………………………………… 114
3. ヒトの脳とウェルフォームド・ゴール ………………………………… 116
4. ウェルフォームド・ゴールの探り方 …………………………………… 119
5. 「現実検討→現実受容」から「問題解決」の実際 …………………… 125

第8章　問題解決という壁
：「これまでの物語」から「これからの物語」へ —— 133

1. 問題解決フェーズでは技法を沽かせる ………………………………… 133
2. ケースフォーミュレーションと見立て ………………………………… 134
3. エンジニアのケースのケースフォーミュレーション ………………… 135
4. 子どもの問題行動に悩む母親の「慈母転移」に対応したケース ……… 142
5. 症状の存在を案じさせる「自分」を見失う男性のケース …………… 148

x

6. 問題解決フェーズ，何かを変える試み ……………………………………………………… *154*

文　　献　　*155*
おわりに：さあ，あなたのカウンセリングを磨きましょう！　　*163*

第1章

カウンセリングのロードマップ，
変化のステージモデルと3階層モデル

1. カウンセリングにロードマップは必要か

　ここでは「カウンセリングのロードマップ」について解説しましょう。あなたはカウンセリングのトレーニングを受けるなかで，「カウンセリングのロードマップが欲しい」と思ったことはありませんか。実は筆者もそう思ったことがあります。

(1) カウンセリングは出たとこ勝負！　センスと覚悟で‼ も重要だが・・・

　来談者中心療法とされるロジャーズ（Rogers, C. R.）の方法論では，クライエントが主体的に「自分のロードマップ」を探す営みが最も重要とされてます。まずは，助言や提案，その他の介入をするより，そこに佇み立ち会う姿勢を持つようにトレーニングされます。なかには，ロードマップのようなものを持つことにはネガティブなカウンセラーも少なからずいます。実際，筆者も初級者時代，熟練の諸先輩方からは，「カウンセリングは出たとこ勝負」「センスと覚悟で」などのご助言をよくいただきました。

　私の30年を通しての実感としては，確かにこのような姿勢も必要だと思います。なぜなら，クライエントがどのような状態で，どのような苦悩を持っておいでになるかわかりません。私たちカウンセラーには，クライエントが何を持ってきても怖がらずに真剣に向き合う姿勢が絶対的に必要です。したがって，諸先輩方のこのような助言は確かに私たちに必要なものです。

　そして，変にロードマップを持って生真面目にロードマップどおりに進も

うとしてしまうと，クライエントが持ってきたものではなく，自分のロードマップを進むようなカウンセリングになってしまうかもしれません。このようなリスクも考慮すると，カウンセリングにロードマップが必要かどうかは意見が分かれることでしょう。

(2) 良質なロードマップはあったほうが良い

　しかし，まったく地図なき道を歩むのも心細いものです。また私の感覚としては，熟練の諸先輩方は言語化してくださらない「ロードマップ」をお持ちのようにも見えました。そこで筆者は，「ロードマップ」をお持ちに見えた名人と思える諸先輩方に懸命に教えを請いました。30年余りこの仕事を続けてきての結論としては，クライエントが持ってきたものを最優先するという前提のもとで，「何をするべきで，何をするべきでないか」の全体像を概括できる程度のロードマップは，持つべきだと感じています。

　また，クライエントが何をどう考えてよいのかわからず，混乱や沈黙の中で途方に暮れてしまうこともあります。たとえば，クライエントが自力で合理的に考える余裕がなく，「あいつはだめだ！　こいつもダメだ‼　そんなことばかり言っている自分ももっとダメだ‼‼」などと混乱しているとき，あるいは重い抑うつ状態のように考えるエネルギーが低下しているときには，クライエントに懸命に向き合うだけのカウンセリングでは良い展開が望みにくいでしょう（たとえば杉山，2019）。こんなときに二人で道に迷って途方に暮れてしまうのは，残念な展開です。それよりは何らかの良質なロードマップがあるほうが良いのです。

(3) 邪魔になるロードマップとは：中断・苦情事例に学ぶ

　では，ロードマップはどのようにあるべきなのでしょうか。実はカウンセリングには，学派や理論と呼ばれるロードマップが数多く提案されています。しかし，その使い方や使うタイミングを間違えるとクライエントの邪魔になる「あってはならない」ロードマップになってしまいます。

　たとえば，休職中の方が復職に向けたカウンセリングを希望して来談した

とします。インテーク（来談の目的など予備的な情報収集）の対話を経て，担当者となったカウンセラーが，「夢の話をしましょう」あるいは「子ども時代の話をしましょう」と提案したとしたらどうでしょうか。これらは本当にあった話なのですが，どちらもクライエントが困惑して中断事例になったり，苦情になったりしています。

おそらくこのカウンセラーには，「この方の葛藤は夢に反映されているはずなので，夢の話を通して良い気づきがあるはず」，あるいは「この方の子ども時代のトラウマが，休職のきっかけに影響しているはず」などの仮説があったことでしょう。どちらもカウンセリングにおいては，伝統的で権威ある学派に基づく仮説です。

しかし，「休職・復職」というライフイベントの只中にいる方には，夢や子ども時代の話は関係ないことに見えるでしょう。クライエントにはクライエントの来談目的があります。そのため，カウンセラーがその来談の目的と大きく離れているように見えるロードマップを進もうとすると，クライエントは「このロードマップは違う！」となるのは当然です。このようなカウンセラーが勝手に描いたロードマップが，「邪魔になるロードマップ」なのです。

カウンセリングの国際学会のディスカッションの場では，カウンセラーがクライエントを邪魔する営みを，「理論的虐待（Theoretical Abuse）」（杉山，2021）と呼んでいます。理論的虐待は私たちが人間である以上はリスクを完全撤廃できませんが，避ける努力が必要です（杉山，2024）。

(4) 継承されてきた専門性が，なぜ中断や苦情を招いたのか

インテーク面接でクライエントが，「嫌な夢を見る」「私の育ちが影響している気がする」などと訴えていれば，この仮説は「適切なロードマップ」かもしれません。しかし，先ほどの例では，このロードマップはクライエントを邪魔するだけでした。カウンセリングの学派や理論の中には，夢や子ども時代の体験を一緒に考えるという方法論も存在します。長年練り上げられ，継承されてきた専門的な「理論」であるはずなのに，なぜこうなってしまったのでしょうか。

4

表1-1　カウンセリングの3階層（3フェーズ）モデルと変化のステージモデル

階層	心理カウンセリングのフェーズ	主な方法・技法		変化のステージ
step 2	問題解決（何かを変える試み）	認知：情報提供／心理教育／認知再構成／スキーマセラピー，など 行動：行動活性化／自己強化／行動実験，問題解決療法，など 感情：修正感情体験，感情焦点化療法，脱感作，エキスポージャー，など 環境・相互作用：対人関係療法／システムズ／環境調整，など 体験・注意：フォーカシング，マインドフルネス，など		変化の準備→実行（→行動の評価と維持）
step 1	現実検討→現実受容	直面化と受容への試み（圧力への暴露）	認知行動アセスメント，損益比較，コミュニケーション分析，活動記録の作成，フォーカシング，図と地の転換，など各学派・方法論の技法も活用可能	熟慮（自覚）を深める
		情報の再検討（欲求─圧力分析）		
		問題の再検討・再定義		
step 0	関係構築	ラポール（アライアンス：同盟関係）の醸成		熟慮前（無自覚）から熟慮（自覚）へ
		目的・目標の共有		
		願望への注目とコミットメント		
		苦悩・葛藤（感性・価値観）への共感的接近		
		心のシアター（現象学的世界）の理解		

　その答えは，クライエントの「変化のステージ」（表1-1右端）と「カウンセリングの階層（フェーズ）」（表1-1左側）とのマッチングが合わなかったことです。クライエントには表1-1右端のように，変化に向けた進行状況があります（変化のステージ）。そして，カウンセリングには表1-1左側のように，大きく分けると三つのフェーズがあります。クライエントの進行状況とカウンセラーが提供するものがマッチしないと，クライエントの役に立たないカウンセリングになるのです。

　カウンセリングの理論や方法論は，確かに役立つものです。役立つから長く活用され，私たちにも伝承されています。しかし，使い方や使うタイミン

グを間違えると，クライエントにとっては邪魔なロードマップになってしまうことがあるのです。本書ではこのマッチングの合わせ方を，体感的にご理解いただくことを目指しています。

2. 変化のステージモデルと依存

ここからは表1-1の右端，「変化（行動変容）のステージ」モデル（Prochaska & DiClemente, 1983）を解説します。このモデルは，現在最も確実なロードマップとなりうると考えられています（たとえば，杉山ら，2007；一般社団法人心理研修センター，2023）。まずはモデルの成り立ちから見ていきましょう。

(1) みんな何かに依存している

このモデルは，重度のタバコ中毒，今日でいうニコチン依存症者（喫煙で健康を損ねたにもかかわらず，ますます喫煙による苦痛低減効果に依存する方）の，変化のプロセスから見出されたものです。依存症支援から始まったモデルですが，今日ではカウンセリング全般で参照できるものと評価されています。

なぜ，依存症の支援モデルがカウンセリング全般のモデルになるのかと，疑問に思われるかもしれません。実は人は程度の差はあれ，みんな何かに依存しながら生きています。もっと言えば，人に限らずあらゆる生命が環境に依存して生きています。

人の場合は社会という環境に，言い換えれば，人に依存しなければ生きられない生き物です。つまり，みんな生活環境である社会の中で，自分なりの依存スタイルを生きているようなものなのです（Millon, 1985）。そこで，依存症の支援から見出されたモデルが，カウンセリング全般のモデルとして活用されるようになったのです。

(2) 変化のステージは現実と向き合うステージから始まる

多くのカウンセリングでクライエントの来談のきっかけは，何かうまくいっていない，何かがおかしい，という不全感です。この背景は自発的な来談の場合，その人の生き方，または依存スタイルが生活に合わなくなっていることがほとんどです。

しかし，すべての人が，自分のスタイルが役立たないとスムーズに認められるわけではありません。慣れ親しんだスタイルが機能しないという現実と向き合うのは，傷つきます（河合・河合，2018）。そこで，現実と向き合う，すなわち問題を自覚することが，クライエントの最初の課題になります。

したがってこのモデルでは，クライエントが「熟慮前（問題に無関心で自覚しない）」→「熟慮（問題を自覚し，関心を向け，理解を深める）」へと進むことが，最初の課題となります。そして，「変化の準備（どうすべきか考える）」→「実行（できることから始める）」へと進み，最後に「行動の評価と維持（効果のあった行動を続け，良い状態を維持できる）」というステージにたどり着いていただくことが，最終目標になります（表1−1右端参照）。

なお，各ステージで有効な支援法が学派（人間観や方法論）にとらわれずに考察されているので，「超理論モデル（Transtheortical Model）」と呼ばれることもあります（杉山ら，2007）。どのような学派のトレーニングを受けるにしても，クライエントの現在のステージに応じた対応を取ることが重要です。

3. 3階層モデル（3フェーズモデル）

変化のステージモデルは，クライエントが進むべきステージに注目したロードマップでした。それに対して，3階層モデル（表1−1右端以外：杉山ら，2012；杉山，2019／久保田の3 stepsモデル[*1]）は私たちがなすべき事柄に注目したロードマップです。下に表現されている階層がより基礎をなす土台のようなものなので，下から積み上げるようなイメージで捉えてくださ

い。

このモデルは当初，認知行動療法初学者のトレーニングのために考案されました。しかし，考案者の久保田亮も含め筆者らは，カウンセリングという営みの概要を的確に捉えたロードマップだと評価しています（杉山ら，2012）。汎用性が高いロードマップと考えられるので，筆者は考案者に相談のうえで，加筆修正*1して指導に活用しています。ここからは，3階層モデルについて解説しましょう。

(1) step 0：あらゆるカウンセリングの出発点

このモデルでは，下の層から上の層へと，カウンセラーに必要なアクションを積み上げるイメージで表しています。そして，最も基本的であらゆるカウンセリングの出発点とも言える階層を，「step 0：関係構築フェーズ」としています。関係構築は，クライエントに見えている世界（後述する「心のシアター」）を教えていただくことから始まります。そのうえで，カウンセラーとクライエントの共同作業のヴィジョン（ウェルフォームド・ゴール：第7章参照）の共有を目指します。

ここまで到達したところで，次の「step 1：現実検討フェーズ」の階層に移ります。なお，このフェーズで現実のポジティブな側面が見つかって，現実受容が進むこともあります。そこで，表1-1中では，「現実検討→現実受容」と表現しています。第5章，第6章で詳述しますが，関係構築フェーズから現実検討フェーズに進むプロセスで，私たちはクライエントに違和感を与えがちです。クライエントのためになると思って行う質問やコメントが，クライエントを追い詰めるように聞こえて，中断につながることもあります

＊1　考案者である精神科医の久保田亮（2013年没）は，「3 step（s）モデル」と呼び，「治療関係（関係構築）」をあらゆるカウンセリングの原点という意味で，「step 0」とした。このモデルの呼び方について，「3 step（s）モデル」という呼称と，「step 0」「step 1」「step 2」という構成が馴染みにくく，考案者の久保田も表現に迷いを表していた。生前の久保田は本モデルが多くの方の役に立つことを望み，その望みに向けた修正も希望していた。そこで，本書では本モデルをより正確に伝えるために，「3階層モデル（3フェーズ）」と改称して紹介している。

（伊藤，2014）。

　ですが，現実検討フェーズに進み，クライエントの熟慮（自覚）を促すことは，クライエントにより良い生き方に進んでいただくためには欠かせないプロセスです。本書でぜひ，そのためのスキルを身に着けてください。

(2)　Step 1：熟慮を深める現実検討のフェーズ

　現実検討とは，クライエントが自分自身のこと（独自の世界），主訴に関連する人物や出来事（共にある世界）についての理解を深める営みです。変化のステージモデルでは，「熟慮を深めること」とも表現できます。

　クライエントにとっては，現実の新しい側面（たとえば，出来事の新しい意味や自分の本音，自分にできることやサポート資源，など）が見えてくることもあります。前記のように，ここで現実受容が進むと，自力で「自分のロードマップ」を見出すことができる場合もあります。

　なお，来談者中心療法とされる方法論などでは，この step 1 までの対話による支援で熟慮が深まり，さらに準備，実行へと，自分で展開できるクライエントが想定されています。このことについては第5章以降で詳述します。

(3)　step 2：問題解決（何かを変える試み）のフェーズ

　現実検討の中で熟慮が深まり，「変えなければならない何か」が見つかる場合もあります。一方で，クライエントが自力で変化に向けた準備や実行のステージに進めない場合もあります。このような場合，カウンセラーは次の「step 2：問題解決（何かを変える試み）」の階層に移ります。

　変えるべき何かは多岐にわたりますが，近年のカウンセリングでは生物・心理・社会モデル（Engel, 1977）で，問題を整理して検討することが多いようです。このモデルは，対象者のウェルビーイング支援は，生物として，心を持つ存在として，社会的存在としてのすべてを考慮しなければならないというものです（図1-1）。

　しかし，私たちには生物的側面に直接的に働きかける専門性はありません。もちろん，生物的な側面を無視してよいわけではなく，心理学的活動や

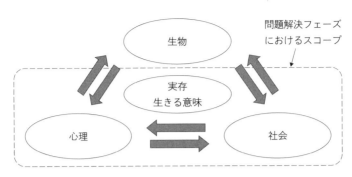

図1-1　生物・心理・社会モデルとカウンセリングの主な着眼点

社会との相互作用の中で、特に脳がどのように反応しているかは考慮しなければなりません。ですが、専門性を超える部分に、積極的に介入することはできません。プロフェッショナルとはできないことも知るものなのです。

そこで、主に何かを変える試みである問題解決フェーズでは図1-1の点線の枠内、クライエントの心理（認知・行動・感情）と、クライエントと共にある周りの社会との相互作用を主に扱うことになります。また、クライエントはみな、自身を主人公とした物語を生きています。その物語を、実存（生きる意味）を感じられるものにすることが必要なケースもあります。そこで、本書では実存も真ん中に加えたモデルを紹介しています。

主訴の実際問題をこの概念図に落とし込み（ケースフォーミュレーション：第7章・第8章参照）、クライエントの心理と社会（共にある世界）の相互作用の実態を、クライエントと確認します。そのうえで、変えるべき何かを検討することが多いです。そして、その何かに最適な方法を共同で選び、共同作業として技法を展開することが重要です。

(4) 各階層への柔軟な移動

階層は一方通行ではありません。対話の展開に応じて、自由に行き来することが必要です。たとえば、事例を通してstep 1の現実検討やstep 2の作業の中で、クライエントまたはカウンセラーに新しい「世界」が見えてくることがあったとします。そのような場合は、共同作業のヴィジョンを見直す

必要が発生することもあります。カウンセラーは柔軟に step 0 の階層に移ることが必要です。

4. 本書の概要：なぜ関係構築が最重要なのか

本書では，まずは 3 階層モデルにおける「step 0：関係構築フェーズ」を解説し，続いて「step 1：現実検討→現実受容フェーズ」と「step 2：問題解決（何かを変える試み）フェーズ」の特別な技法を，活用しない進め方について解説します。熟練レベルのカウンセリングに向けてまず心得ておいていただきたいことは，カウンセリングにおける最重要項目は「step 0：関係構築」です。

筆者がこのように断言するのは理由があります。第 2 章から第 3 章では，心と脳の科学的な根拠も含めて具体的な方法論を解説していますが，ここではカウンセリング（心理療法）の効果を巡る議論の中で，関係構築の効果がどのように議論されてきたか紹介したいと思います。

(1) 関係構築が最重要と国際的なコンセンサスが構成されるまで

近代的なカウンセリング（心理療法）において，その効果の本質を探る議論はかなり長く行われています。詳しくは杉山（2021）をご参照いただきたいのですが，ここでは概要だけご紹介しましょう。

まず1930年代から，関係構築がカウンセリングの効果の本質であると考察する，一連の議論がありました（たとえば，Rosenzweig, 1936；Frank & Frank, 1961；Lambert, 1992；Cuijpers et al., 2012）。アメリカ心理学会心理療法部会がこの議論の中心でした。一方で，認知行動療法の発展の中で，表 1 - 1 の step 1，step 2 の「主な方法・技法」列に挙がっているような技法に，本質があると考えるグループも生まれました。この議論の中心は，アメリカ心理学会臨床心理学部会でした。そして両者は，意外と長く対立を続けていました。

このような対立は誰にとっても不毛なものなので，結果的に両グループが

協働して，効果の本質を追求する委員会を立ち上げました。日本ではあまり実感されていませんが，この協働は歴史的に見て画期的な試みでした。この合同委員会で検討を重ねた結果，「アライアンス（ラ・ポール）」「共感」「支持（受容的態度）」「協働」「目標の合意」「クライエントがカウンセリングについて批評すること（フィードバック）」などが，確実な効果要因であることが示唆されました（Norcross & Wampold, 2011）。

(2) 「関係構築」の効果は確実！　では，技法は？

さて，効果が確実な効果要因をご覧になって，お気づきになったことがあるでしょう。これらの項目はすべて，関係の構築と維持に関わるものです。これらは専門家とされる方々の，経験的なエビデンスに基づく議論から定義されたものですが，今日のカウンセリングでは国際的に広く支持されています。

それでは，技法はどうなのでしょうか。技法に関しては事例とのマッチングの効果が示唆されています（Castonguay & Beutler, 2006）。カウンセリングにおける技法の大半は，「現実検討→現実受容」または，心理と社会の相互作用の何かを変える「問題解決」を促すものです。したがって，クライエントが変化のステージのどこにいるか，すなわち私たちがカウンセリングのどの階層で，どのような支援を行うべきフェーズなのかによっても，マッチングの良し悪しが決まるのです。

このように技法は，技法そのものに劇的な効果があるというものではなく，マッチする場面で効果を発揮するものなのです。この観点は認知行動療法（たとえば，伊藤，2008；杉山，2019）や，マルチモードアプローチ（Lazarus, 1989；杉山ら，2007）などで詳細に検討されています。

表1-1では，step 1, step 2で活用可能な技法・方法の例をいくつか挙げています。本書では特別な技法を使わない step 1, step 2を詳述しますが，技法の詳細な各論は割愛します。各技法のより詳細な活用方法は，あなたが必要性を感じた技法，あるいは興味を持った方法から，それぞれの専門的なトレーニングで学んでいただくのが良いでしょう。

筆者もさまざまな技法の専門的なトレーニングを受けています。カウンセラーに完成形はありえません。カウンセリングの対象者であるクライエントは刻一刻と変化しますので、あなたの対応力の幅を広げるように研鑽を重ねましょう。

(3) 熟練の名人への入口は「関係構築」

以上のことから、まずは関係構築の名人になることを目指してください。本書の第2章からは、あなたが関係構築の名人になるために必要な、すごく重要なことが書かれています。くれぐれも読み流すのではなく、クライエントと向き合っているイメージをふくらませながら、じっくりとお読みください。

なお、筆者もカウンセリングの上達のプロセスでは、同じ本をくり返し読み込むというトレーニングを行いました。上達の過程では同じ本であっても、読み返すごとに違う景色が見えてきて、さらに理解が深まります。あなたも上達を目指すのであれば、本書をくり返し読み込むことをオススメします。

さあ、次章からカウンセリング上達へのさまざまな壁を超えて、熟練の名人への旅をご一緒しましょう。

第2章

関係構築という壁
：クライエントに拒絶されないための覚書

　第1章では3階層モデル（3フェーズモデル）を紹介し，カウンセリングでは関係の構築と維持が何よりも重要であることを解説しました。ここからは，関係構築の実際について解説しましょう。まずは関係構築を体系的に理解するために必要な用語の解説からはじめ，事例を通してその実際問題を考えてみましょう。

　表2-1は，step 0，関係構築フェーズで，私たちが行う主な方法や技法をまとめたものです。低層に書かれている方法から積み上げていくようなイメージです。このフェーズで私たちが何をなすべきか，何をなすべきでないか，詳しく解説しましょう。

表2-1　step 0：関係構築フェーズでの主な方法・技法

階層	心理カウンセリングのフェーズ	主な方法・技法	変化のステージ
↑ step 0	関係構築	ラポール／アライアンスの醸成	熟慮（自覚）を深める
		目的・目標の共有	熟慮前（無自覚）から熟慮（自覚）へ
		願望への注目とコミットメント	
		苦悩・葛藤（感性・価値観）への共感的接近	
		心のシアター（現象学的世界）の理解	

1. 傾聴とイライザ（ELIZA）効果

　関係構築の重要な方法論として，「傾聴」を強調する指導者が多いようです。実際このフェーズでは，傾聴は特に重要です。傾聴はほとんどのケースで関係構築の達成に向けた必須スキルです。カウンセリングの全般を通しても，最も基本的なスキルと言えるでしょう。

(1) イライザ（ELIZA）効果：パターン化されたリアクションで関係ができる？

　ところで，どのようなクライエントであっても，私たちが全力で傾聴していれば，それだけで関係構築ができるのでしょうか。これを考えるうえで，ELIZA 効果（Chalmers et al., 1995）は重要なヒントを与えてくれます[*1]。

　このことは私たちが ELIZA のようにパターンに沿ってリアクションしているだけでも，関係ができたと感じてくれるクライエントがいることを示唆しています。つまり，「傾聴（あるいは傾聴風のリアクション）」をしているだけでも，関係構築がまったくできないわけではない，ということを意味します。そうすると，ある程度，私たちがパターン化された「傾聴風のリアクション」をすることも，悪いわけではなさそうです。

(2) イライザ（ELIZA）的な傾聴風のリアクション

　ところで，クライエントの多くは何かに困り，時に混乱しているから来談

---

　*1　イライザ（ELIZA）とは，後に Apple 社製のスマートフォンに搭載された「Siri」などの前身である。誰が何を言っても，「それは興味深い，もっと聞きたい，もっと詳しく教えてほしい……」などといったリアクションをするようにプログラムされている。リアクションのパターンは限られているが，リアクションはランダマイズされているので同じリアクションをくり返すようなことはなく，けっして ELIZA から会話を終わらせようとすることもない。ELIZA と"対話"した人の多くは，あたかも ELIZA が人格を持ち，自分に興味を持っているように体験していた。もちろん，ELIZA はプログラムされたリアクションをしているだけで，私たちと「関係」を作ってなどはいない。しかし，人が勝手に人格を見出し，勝手に「関係」を実感していた。

しています。したがって，混乱をそのまま言葉にすることもあります。たとえば，希死念慮を訴える発言もありうるでしょう。希死念慮的な発言に対して，公表されている ELIZA のプログラムを参考にすると，次のようなやり取りになるのではないかと考えられます（PC はプログラムの応答，Cl はクライエントの発言を示す）。

PC：どうしたのですか？
Cl：私は死んだほうがいい気がしています。
PC：私はあなたが死んだほうがいいと思うと聞いて悲しいです。
Cl：でも，死にたくない気持ちもあって…
PC：あなたは死にたくないのですね。
Cl：はい，でも私は生きていてはダメな気がします…
PC：あなたが生きていてはダメと思うことは何を意味するのですか？
Cl：私は○○なので生きる意味はないのではないかと…
PC：あなたは○○なのですね。○○と生きる意味には関係がありますか？
Cl：○○は私にはとても大事なことなので…。私には生きる意味だったのです…
PC：○○がとても大事なことなのですね。○○についてもっと詳しく教えてください。
Cl：私にとって○○は…（以下略）

(3) イライザ（ELIZA）効果の功罪

　さて，あなたは上記のやり取りをどう思いますか。「意外と悪くない」と思う方もいれば，「なんだか微妙に論点がズレているようで違和感が……」と思う方もいるでしょう。カウンセリングの考え方次第ですが，筆者は必ずしも反対ではありません。クライエントが大事にしていることや，生きる意味について考えることを促しているからです。ある程度は自己洞察のサポートになるでしょう。

ただ，ELIZA のマネをして対応しているだけでは，いつかは良質なカウンセリングから外れてしまうかもしれません。たとえば，クライエントが具体的な自殺企図や他害行為の意志を示したとき，興味を持って問いかけるだけでは，クライエントが「後押しされた」と誤解してしまいかねません。

カウンセリングにおける傾聴とは，ただ興味を持って聴いていれば良い，というものではありません。カウンセリングの目的は，クライエントにより良く生きていただくことです。クライエントがそこから外れそうなときは，質問などでより良い思索のサポートをする必要もあります。ELIZA 的な「傾聴風のリアクション」でも，クライエントは人格と心を感じてくれる場合があることはほぼ確実のようで，これはこれで参考になります。しかし，私たちの傾聴は，ELIZA のレベルにとどまってはいけないのです。

2. 関係構築と共同注視

ところで初級者，特に初学の方にとっては，傾聴が最初の壁になることがあるようです。そこで本書では，傾聴の壁の乗り越え方について，第3章，第4章で詳しく解説しています。

実は，熟練レベルになると，傾聴とは意識して行うものではなくなってきます。関係構築に向けてクライエントに対応していると，意識しなくても自然と傾聴になっているものなのです。そこで，ここではまずは「関係」について解説しましょう。

(1) ラポール／アライアンスと共同注視（ABX モデル）

関係構築のフェーズでは，ラポールの醸成が重要だとよく言われます。実際，ラポールの形成は，関係構築の一つの到達点とも言えるものですので，少し詳しく解説しましょう。

まず，ラポールの語源は，「橋をかける」というニュアンスのフランス語です。「カウンセラーとクライエントの間に心の橋がかかる」という比喩（メタファー）で，カウンセリングに導入されました。「心の橋」というと，信頼感

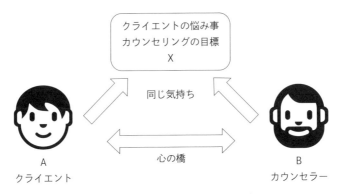

図2-1　カウンセリングにおける共同注視とラ・ポール

と安心感に満ちた温かい関係性をイメージできるので、カウンセラーの存在感（第3章，第4章）を表す的確な表現かと考えられます。

なお、カウンセリングで心の橋がかかるには、クライエントの悩み（X）に、クライエント（A）とカウンセラー（B）が同じ気持ちを向けるという、共同注視[*2]が必要です（図2-1）。近年の国際的なディスカッションでは、この共同注視が悩み事と目標を共有する協働関係であることを強調して、「アライアンス（同盟）」という言葉で表現されることが多いです。

どちらの表現にしても、共同作業のヴィジョンの共有[*3]であることには変わりありません。本書では、あなたのカウンセリングが今後の国際的なディスカッションともリンクできるように、主にラポール／アライアンスという用語を使います。

(2) ロジャーズのいう現象学的世界と心のシアター

ここではいったん、表2-1の解説に戻ります。表2-1の｜主な方法・技

[*2] この「A」「B」「X」は、社会心理学でいう「ABX理論」に由来している。このモデルは、二者関係の「心の橋」の移り変わりを、わかりやすく説明できる。この活用の詳しくは、杉山（2015）を参照のこと。

[*3] なお、認知行動療法では目標に向けて共に努力するということを強調して協働という表現を好み、また「X」をクライエントの経験に基づくものという側面を強調して図2-1のような関係性を「協働的経験主義」と呼ぶ。

法／アクション」列は，下から上へと積み上げていく形で表現されています。最も下，つまり私たちが最初に試みる事柄として，「心のシアター（現象学的世界）の理解」が挙がっています。ここではこれについて解説しましょう。

　あらゆる関係構築のスタートは，クライエントが見ている世界をカウンセラー自身が理解することから始まります。クライエントが見ている世界は，カール・ロジャーズが参考にした現象学（Husserl, 1973；末武，1986）では，「現象学的世界」とも呼ばれます[*4]。これとほぼ同じものを筆者は近年の認知神経科学を参考に，「心のシアター」（図2-2）とも呼んでいます（たとえば，杉山，2013, 2014）。モデルの考案者の久保田は，「クライエントの空想」と表現することもありました。

　表現はともあれ，いずれも「脳内で描かれた世界」を表しています。本書では今後の心理学や神経科学（いわゆる脳科学）とのつながりも考慮して，以降は「心のシアター」と表現します。

　このフェーズで，心のシアターで展開されている世界，そしてそこにおけるクライエントの苦悩についてお話しいただくなかで，多くの場合で私たちの共感的理解とクライエント自身の自己理解が進みます。変化のステージモデルで表すと，熟慮前の状態から熟慮の状態へと進むことになります。

　心のシアターについて教えていただく，語っていただくことは，私たちのクライエント理解，クライエント自身の自己理解の両面で重要なプロセスです。私たちがこのプロセスを意識してクライエントに向き合っていれば，前記のように，意識しなくても自然と傾聴が行われているものなのです。

---

　*4　私たちは「周りの世界を客観的に見ている」という錯覚を持ちがちだが，実はそうではない。私たちが見ていると思っている世界は，無数の感覚を通して脳にインプットされた情報に，記憶や想像，連想を加えて構成された脳内で描かれた世界である。その中には，「脳が作り出す刺激」（Damasio, 2003）のように，今の周りの世界には存在しない何かも含まれる場合もある。逆に周りの世界に存在する刺激がシャットアウトされて，脳内で描かれた世界に組み込まれていなかったりする場合もある。このような脳内で描かれた世界が，現象学的世界や心のシアター，または空想と呼ばれるものである。

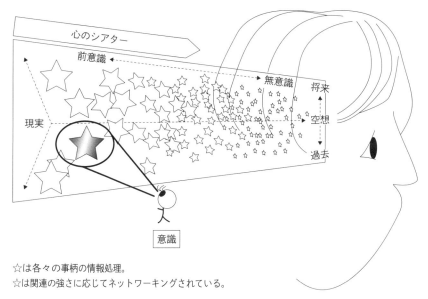

☆は各々の事柄の情報処理。
☆は関連の強さに応じてネットワーキングされている。

図2-2　心のシアター（現象学的世界，空想）と意識のスポットライト

3. クライエントに拒絶されないための心理学的覚書

　ここからは，ラポール／アライアンスの達成への入口としての，心のシアターを語っていただくプロセスの進め方について解説しましょう。

　カウンセリングは，クライエントに教えていただかないことには話になりません。クライエントに「このヒトには話したくない」と思われてしまうと，その時点でカウンセリングは終わります。そこで，まずはクライエントに拒絶されないように，あえて拒絶されがちな悪い例から解説します。

(1) 悪い展開を避けられるのがプロフェッショナル

　ところで，傾聴のコツなどの「良い例」からではなく，本書ではなぜ悪い例から紹介するの，と疑問に思われる方もいるかもしれません。疑問への答

えをシンプルに表現すると，くり返しになりますが，あなたに熟練のプロフェッショナルになっていただきたいからです。

　カウンセリングに限りませんが，プロフェッショナルとは悪い展開を熟知し，悪い展開に向かうリスクを避けられるから，プロフェッショナルなのです。少々別分野の話になりますが，たとえば一時は会社を発展させたものの結果的に潰してしまった元経営者が，経営コンサルタントを務めているケースがあります。なぜ，会社を潰した方に助言を求める人がいるのでしょうか。それは，成功も失敗も知っているから，失敗を避けるための助言ができるからです。

　成功しか知らない人は，悪い展開のリスクに気づけません。リスクに気づけないと，知らないうちに悪い展開に陥ってしまいます。失敗の予感に気づき成功に導けるのは，その両方を知っている人なのです。そこで，本書では「こうするべきではない」という具体例から詳しく解説することにしました。

(2)　「強引」「無関心」「説得意図」は嫌われる?!

　心のシアターの入口で拒絶されるカウンセラーの特徴について，結論を先に要約すると，筆者の経験ではクライエントに「強引」「無関心」「説得意図」を感じさせると，特に拒絶されやすい印象があります。なお，筆者はこの印象を裏付ける実証研究も行っていますが（杉山，2013），研究の解説は第3章に譲って，次からは拒絶されないための要点を解説していきましょう。

(3)　特に初対面のクライエントは私たちを警戒している

　クライエントに拒絶されないために，必ず知っておくべき心理学的な知見があります。それは，人はよく知らない人に対しては本能的に警戒し，脳内では警戒信号が発信されてるということです（杉山，2015）。

　たとえば，アッシュ（Asch, 1946）の研究以降，心理学では「冷たい（自分にとって危険かもしれない）」「温かい（自分にとって安全な可能性が高い）」が初対面の人への印象に強く影響するポイント（中心的特性）であることが知られています。また，日本の研究としは，岡田（2011）で，人間関係

はまずは自分を傷つけない，拒絶しない，自分にとって安全な人かどうか確認することから始まると，示唆されています。

　したがって，初対面では，クライエントは私たちを警戒している可能性を考慮する必要があります。このことは，クライエントがどんなに社交的でコミュニケーションスキルが高い人に見えても，決して忘れないでください。この油断が，カウンセリング初級者における中断の一つのパターンでもあります。

(4) クライエントは傷つきやすくなっているかもしれない

　ここで心のシアターに話を戻します。心のシアターの世界は，文字どおりクライエントの内的な世界です。個人差もクライエントの状況による違いもありますが，内的な世界は多くの人にとって大事なものです。私たちが下手に扱って傷つけてしまうと，その心理的なダメージ，心の痛みは計り知れません。そして，クライエントの多くは困って来談しているので，心の痛みに敏感になっている，言い換えれば傷つきやすくなっていることが多いのです。

　私の初級者時代の話ですが，熟練の先輩から，「クライエントが語ってくれるということは，パンツの中を見せるようなもの。見せても大丈夫と思ってもらわないと，教えてくれない」という助言をもらったことがあります。これはこれで少々尖った表現ですが，クライエントが私たちを警戒している可能性を，常に考慮する必要があることは間違いありません。

　他の表現をすれば，心のシアターを私たちに語るということは，私たちを心のシアターの世界に（少なくともその一部に）入れてくれることと言えるでしょう。自分にとって安全かわからない，警戒している人を，傷つけられたくない世界に入れたいでしょうか。たとえば，想像してみてください。あなたの自宅あるいはあなたの部屋に，自分に好意的かどうかもよくわからない人を喜んで入れるでしょうか。おそらく喜んで入れる人はあまりいないでしょう。同様に，安全かどうかわからない相手に，心のシアターのデリケートな部分は見せたくないものです。

つまり，クライエントは警戒していると語ってくれません。語ってくれないと，クライエントを理解することも傾聴もできません。第4章で詳述していますが，まずは安心な存在と感じていただく配慮が重要です。

(5) 「すべきでない3項目」「するべき3項目」

警戒している可能性があるクライエントに対して，筆者が特に避けようと心がけていることが，前記の「強引」「無関心」「説得意図」を感じさせないことです。ここではこれらを，「すべきでない3項目」としましょう。

そして，この3項目の逆の存在であれば，クライエントの私たちへの心の距離はぐっと近づきます。つまり私たちが，「穏やかで謙虚」に，「（クライエントに）注目」し，「（クライエントに）教えていただく」という姿勢を持っていれば，「心の橋」がかかりやすくなるのです。ここではこれらを，「するべき3項目」としましょう。

「するべき3項目」がまったく揃わずに，クライエントに拒絶されるパターンの一つに，カウンセラーが批評的になってしまうような場合があります。クライエントが今困っていること（X）に対して評価的な視線を向けると，ほとんどの場合で「A」と「B」の心の橋は消えます。

(6) 心の橋が消えやすいとき

どんなときにカウンセラーが批評的になってしまって，心の橋が消えるのでしょうか。領域ごとにありがちと思われる例を挙げてみましょう。

①**産業領域**：勤労者のカウンセリングで，「無断欠勤」や「遅刻のくり返し」などが「X」になったとき。

②**医療系領域**：依存傾向問題のカウンセリングで，「ついつい（依存症的行動を）やってしまった」などが「X」になったとき。

③**思春期・青年期（教育および福祉の領域）**：若い女性が「アプリで出会った男性とパパ活をした」などが「X」になったとき，または児童生徒が「妊娠した」などが「X」になったとき。

以上のような場合で，心の橋が消えることが多いようです。

　いずれにしても，いわゆる良識と呼ばれる価値観では，非難される場合もあるかもしれません。しかし，ある価値観によっては批判されるような「X」であっても，これらはクライエントという存在の断片です。現代的なカウンセリングとしては，クライエントの価値観や感性を尊重（respect）することが原則です。そこで，このような場合，まずは「するべき3項目」を意識して対応しましょう。

　たとえば，前記の女性の児童生徒が「妊娠した」と訴えた場合であれば，まずはクライエントの困惑に私たち自身の情動を合わせます。そしてそのことを表情や態度で，〈ああ，そうなんだ……〉などの感嘆詞（ノンバーバルなコミュニケーション）も含めて伝えましょう。そして，〈彼氏さんがいるとそういうこともありますよね……（穏やかで謙虚な注目）。（妊娠が）わかったとき，どんな気持ちになりました？（教えていただく態度）〉などの言葉かけがありうるでしょう。くり返しになりますが，大事なことは「謙虚，注目，教えていただく」の3項目です。

4. 学校に行けない子どもと大人の場合

　ここからは，学校に行けない子どもへの対応を例にして，クライエントに拒絶されるカウンセラーにならないために必要なことを解説します。ABXモデルとしては，「学校に行けない子ども（A）」「対応している大人（B）」「両者の注目点（X）」となりますが，このようなケースでは大人と子どもの力関係を反映して，「大人（B）」が言及することが「X」になりがちです（図2-3）。

　図2-3では，大人（B）を「周囲の大人」という設定で，心の橋が消える状況を描いています。ここでは「学校に行けない」が「X」になり，「B」はそれに不快感を表しています。そして，「子ども（A）」は「X」について嘆いています。大人は「何で学校に行かないの?!　はっきり言いなさい！」などのように叱りつけているかもしれません。

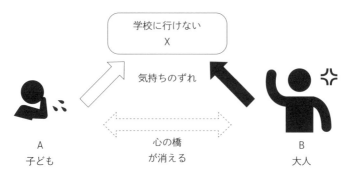

図2-3 「X」に批判的に見えるだけで心の橋が消え，カウンセラーは拒絶される

　この状況では，「学校に行けない（X）」に対して，「B」は〈けしからん！〉という評価を持っています。「A」にとって「X」はどうにもならない現実で，切なさ，悲しみなど，さまざまな複雑な感情が去来していることでしょう。「X（学校に行けない）」についての「A」と「B」の気持ちがずれるので，「A」と「B」の心の橋は消え去ります。こうなると，心のシアターについて教えてくれるはずがないでしょう。すなわち，「B」は「A」の心のシアターから拒絶されます。

(1)　「評価的に見える」だけでも拒絶される：投影，転移の問題

　次に「B」がカウンセラーで，図2-3とは異なり，〈けしからん！〉という評価を持っていなかったとしましょう。むしろ子どもに対して，〈とても気の毒だ……。苦しいことでしょう。力になってあげたい……〉という厚意を持っているかもしれません。

　あなたは，このような厚意を持っていれば「きっと子どもに伝わるので，子どもは心を開いてくれる」と考えるでしょうか。残念ながら，このような考えは，カウンセリングにおいては楽観的すぎると言わざるを得ません。なぜなら，子どもの多くは「学校は行くものだ」「大人には従うものだ」と教育されています。周りの大人たちからこの価値観で非難されてきたかもしれません。すると，何が起こるでしょうか。「B」が叱らなかったとしても，子ど

もである「A」が、「自分を非難する大人」のイメージを重ねて（投影して）しまうことでしょう。

　精神分析では転移と呼ばれる現象ですが、「B」が大人だというだけで、図2-3のようにネガティブな評価を持つ存在に見えるかもしれません。この場合も、やはり心のシアターから拒絶されます。このようなことが起こりうるので、私たちは「A」の心のシアターにおける文脈の中で、私たちがどのように映る可能性があるか、常に配慮しなければなりません[5]。

　なお、この問題は不登校に限りません。同じようなことは「誰かに咎められてきた行為」を巡るカウンセリングの全般で起こりうる現象です。薬物やギャンブルなどの依存症、ストーカーや非行などの触法行為などのカウンセリングで起こりやすいのですが、常に油断しないように心がけましょう。

(2)　良い ABX をつくるための心がけ

　では、カウンセラー（B）はどうするべきなのでしょうか。まずは批評的な存在と見られかねない現実を、受け入れることが必要です。そして、このことを前提に、「A」にとって安全な存在であることを伝え、図2-4のように、「X」に対して同じ気持ちを持つ存在として認識してもらうために、できることは何でもする、という姿勢が必要です。

　その方法は直接的な言葉かけに限らず、表情や態度などのノンバーバルなコミュニケーション、あるいは「カウンセラーには学校に行くとかどうでもよくて、Aがどんな気持ちかを気にするものなのです」など、啓発活動として伝えるような場合もあります。学校で活動するスクールカウンセラーであれば、日頃から校内広報でカウンセラーについて知っていただく活動も重要です。

＊5　1990年代、当時20代の筆者は教育委員会の相談室に勤めていたが、相談員は退職教員と20代の心理職で構成されていた。その中では、子ども対応は、相対的に本文のような投影が起こりにくい20代心理職が担当していた。以降、筆者はクライエントの投影を可能な限り考慮して、最適な存在感の提供に向けて、服装や表情に配慮することを習慣にしている。

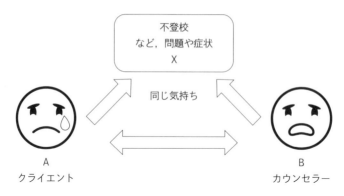

図2-4　クライエントとカウンセラーの然るべき ABX モデル

　また，仮に「A」が自身の問題について話したくなさそうなら，無理に話題にしないという方法もあります。「X」をもっと話しやすいこと，たとえば「最近はどんなことしてますか？」などのように穏やかで謙虚に教えていただくことで，「A」の感性や価値観を共有できそうなことから，心の橋の構築を試みる場合もあります。そのなかで，じわじわと「B」が評価的な価値観や感性を持っていないことを伝えていけると，お互いに負担が少ないでしょう。

5. クライエントの自発的な来談ではない場合

　ここからは，教師や親などが「不登校について話さざるを得ない状況」をつくり，子どものカウンセリングを行うことになったと考えて，どのように図2-4のような ABX に近づくか考えてみましょう。
　初級者のカウンセリングの学修では，まずは，クライエント自身が希望して来談する場合を想定したトレーニングが行われます。しかし，現場の実際としては，必ずしも自発的な来談ばかりではありません。職域によっては，非自発的な来談のほうが多い場合もあります。なかには，クライエントにとって不本意な来談もあります。これからテーマにする不登校の問題以外でありがちな状況としては，勤労者が勤務上の問題についてのカウンセリング

を命じられた，ストーカーで警察沙汰になった未成年の加害者が，矯正的処遇の一環としてカウンセリングを義務づけられた，などのクライエントの問題行動を批判する社会的文脈の中で設定された，カウンセリング全般でありえます。

　ここでは不登校をテーマにしていますが，自発的でない来談の全般にわたることとしてお読みください。

(1)　アイスブレイク：まずは穏やかで謙虚に注目できる「X」から

　筆者であれば，天気や時事的な話題など，気楽に受け答えできる「X」を使って「アイスブレイキング」を行ってから，「X」の話に入ります。「A」が話し好きで自分のことをいろいろお話ししてくれるようなら，その「X」に興味を持っている姿勢を表現して，良い ABX をしばらくお互いに楽しみます。

　不登校の問題などでは，周りの関係者が「長期的な視点」で考えてくれる場合もあるので，面接セッションの数回あるいは数年をかけて，良い ABX をお互いに楽しむ場合もあります。そのなかで，子どもの心のシアターがかなり適応的に変容する可能性もありますので，このような進め方が許容される現場もあります。

(2)　カウンセリングは「楽しい話」だけでは終われない

　しかし，「楽しい会話」だけで終われないこともあるのが，カウンセリングです。カウンセリングの構造（設定）の関係で，回数や期間に制限がある場合もあります。となると，構造の関係で，じわじわと「X」を「問題にされていること」に向けていかざるを得ません。その際に，筆者は「X」そのものではなく，「A が X に向けている気持ち」のほうに興味がある態度を取ります。たとえば，「今日は学校のことについてご一緒に考えるように"お互いに"言われていると思うけど，まあいろいろ大変だよね……。ここ（カウンセリング）に行くように言われたときはどんな気持ちになりました？　今はどんな感じでしょう？」などのような言葉がけから始めるでしょう。

具体的な言葉がけはケース・バイ・ケースですが，大事なことは，可能な限り「A」の気持ちに近づく存在感を，感じていただけるように努めることです。クライエントの心のシアターに入れていただくフェーズでは，批評的な姿勢は厳禁です。穏やかで謙虚に注目し，教えていただくカウンセラーであることを心がけてください。

6. 批評の例外：批評が尊重になる場合

なお，批評的な態度が，常にクライエントによる拒絶につながるわけではありません。時には「叱ってほしい」というクライエントもいます。そして，強固なラポール／アライアンスが築かれている場合であれば，批評的な姿勢が逆に尊重になる場合もあります。どのような場合にそうなりうるのか，やや依存的な女性クライエントを例に，詳しく解説しましょう。

このクライエントは，主体性を発揮するよりも，人に合わせているほうが性に合うタイプの方でした。一見すると協調性が高い，穏やかな性格に見えます。やや恋愛に依存する傾向もあります。ですが，周りに温かく，優しく導いてくれる異性がいません。いつもモヤモヤしていました。

(1) 「やってしまった・・・」と訴えるクライエント

カウンセリングを重ねるなかで，「声をかけてくれる男性とロマンティックな時間を共にすると，その瞬間は満たされる。でも，一人になると，すぐにまた虚しくなる。時間を共にしたことを後悔する」という思いを，カウンセラーと共有しました。そして，"声をかけてくれる男性"と時間を共にすることが複数回あるうちに，彼女のコミュニティの中では，「簡単に口説かれる女」という評判も流れ始めていました。そして，「後で後悔するとわかっているので，もう（声をかけてきた男性と時間を共にすることは）やめようと思う」という意志も共有していました。

しかし，彼女の中の優しい異性を求める部分が一時の癒やしを求め，再び声をかけてきた男性と時間を共にしてしまいます。そして，再び後悔して，

カウンセリングに「もうやめようと思っていたのですが……」「やってしまいました……」と，複雑な思いを持っておいでになりました。こんなとき，あなたならどう対応するでしょう。

(2) 矛盾する気持ちの両方を大切にする

　このクライエントには，少なくとも二つの矛盾する思いがあります。「寂しさという心の痛みを軽くしたい」という思いと，「後で後悔したくない」という思いです。カウンセリングでは主に後者の思いで語っています。しかし，前者もクライエントの一部であることには間違いありません。

　そこで，筆者であれば，次のような言葉がけがありえます。〈もうやめようと思っていても，そのときは満たされるような気持ちになりますよね〉，あるいは〈もうやめようとおっしゃっていましたが，なかなかそうはできないですよね〉などです。いずれにしても，カウンセラーが，どちらの思いも大切にする気持ちであることが伝わる対応を試みます。

　大事なことは，クライエントの中に存在する「ときに矛盾する」複数の感性や価値観のすべてを，尊重する姿勢が伝わることです。こうすると，一見すると批評的な対応であっても，非難ではなく「温かい批評」としてクライエントに伝わる場合もあります。

(3) 主体的で誇り高いクライエントの場合

　ちなみに，依存的ではなく主体性が強く，誇り高いタイプのクライエントなら，来談するときには「やってしまった」自分自身を批判するような意志が，相対的に強い場合もあります。ただ，やはり「やってしまいたい」気持ちも，まったく無いわけではありません。そんなときは筆者も態度を加減します。

　たとえば，まずは相対的に強いほうにコミットして，〈あなたらしくないですね……〉とリアクションし，続けて〈どうなさったのですか？（何か事情がありました？）〉などと言葉がけする場合もあります。クライエントが矛盾する気持ちを持っているような場合は，その強弱に配慮して，リアクショ

ンを工夫することが重要です。

ただし，このようなことは時間をかけて関係が深く構築され，さらにクライエントの価値観や感性を十分に教えていただけている場合のことです。原則として優先されるべきことは，クライエントの価値観や感性を教えていただく姿勢です。

そして，決してやってはいけないことは，カウンセラー自身または一般的な良識とされるような価値観や感性で，クライエントにリアクションすることです。大事なことなのでくり返しますが，まずは「教えていただく」姿勢が重要です。決して忘れないでください。

7. 「ペルソナ」で来談している人は要注意

ここからは，「ペルソナ」という一見するとわかりにくい形で，カウンセラーを拒否しているパターンを解説しましょう。ペルソナとは，語源としてはギリシャ時代の劇で使われた仮面を表す言葉ですが，今日では「周りに見せている社会的な顔」，または「役割意識」という意味で使われています。

ペルソナは，ユング（Jung, C. G.：1857-1961）がかなり深く考察し，特にペルソナに由来する病理を検討しました[6]。しかし，心に無駄はありません。ペルソナも周りとうまくやっていく（well-being with society）ために身につけるもので，社会適応機能の一つです。

ただ，ペルソナは本来の「その人らしさ」を隠すものでもあります。何らかのペルソナでカウンセリングに来談すると，「クライエントという人格」が隠され，「心の橋」がつながらないことがあります。ここでは，この問題について考えてみましょう。

＊6　ユング（Jung, 1953）によると，ペルソナとは共存する周りの世界（関係者や社会）に見せている人格で，社会生活を営むうえでは欠かせない適応資源であるが，未成熟な年齢で特定のペルソナに同一化すると，本来の「その人らしさ」の成長が阻害される。このことが，成人後のさまざまな不全感の原因になることが考察されている。なお社会心理学や発達心理学では，類似した現象（たとえば，役割取得）の適応的な側面を強調して考察されている。

(1) 領域ごとで見られがちな「ペルソナ」

クライエントがペルソナで来談することは，どのカウンセリングの職域でも起こりうることです。私たちはペルソナを活用しながら日常生活を営んでいますので，逆に言えば，まったく何のペルソナもなしに来談することは，少ないのかもしれません。

ただ，ペルソナが強く働いていると，前記のようにラポール／アライアンスの醸成の障害になる場合もあります。この問題が起こりやすい場面としては，キャリアコンサルティングや産業領域が挙げられるでしょう。この領域では，勤労者やビジネスマンとしてのペルソナでおいでになる場合があります。この場合，本音を語っていただくのに時間がかかることがあります（杉山，2019）。

次に，司法領域の処遇としてのカウンセリングの場合が挙げられます。このようなクライエントは，カウンセリングを義務づけられています。カウンセリングを放棄すると本人が不利になる場合がほとんどです。そこで，被処遇者として「触法行為をする人ではありません」というペルソナで来談する方もいます。

また，医療領域では，医師によるカウンセリングの「処方」を受けた患者として，おいでになる場合もあります。このような場合，「A」は「（患者役割を義務づけられた人としての）ペルソナ」をつけて，おいでになります（なお，医療領域では，患者役割に納得していない状態でおいでになる方もいます〈杉山ら，2007〉）。このほか，教育領域のカウンセリングでも，児童生徒のペルソナ，親としてのペルソナ，教師としてのペルソナなど，それぞれの役割意識の中で来談することもあります。

(2) 「ペルソナ」を巡る ABX の罠

クライエントがペルソナの強い状態で来談した場合，ペルソナは社会適応の機能でもあるので，多くの場合で協調性を発揮します。すると，カウンセラー（B）には，「A」が相対的に協力的で落ち着いて見えてしまいます。

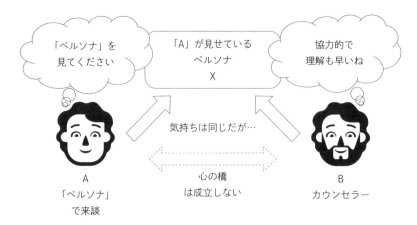

図2-5　ペルソナで来談するクライエントとのABXモデル

　言い換えれば，「A」が「B」主導の現実検討や認知行動療法の技法など，Bの助言や提案を「表面的に」受け入れてくれるのです。すると，一見すると良いABXができあがり，関係構築できている，などと思ってしまう場合もあります。「B」は「Aは協力的で理解が早い」などと油断しまうでしょう（図2-5）。
　しかし，このような油断は，カウンセラーであれば決してしてはいけません。「ペルソナ」で対応しているということは，クライエントはカウンセラーに「心を許していない」ということです。油断をしていると後々で大きな問題になり得ます。

(3) ある司法面談の事例

　ある司法面談の事例で，担当カウンセラーが「面接がうまくいっているときほど，行動がうまくいかない（触法行為が増える）」と報告したケースがありました。この担当カウンセラーは，「カウンセラーの指示と提案に沿って，法を守って触法行為の再発予防についての理解を深め，対策について話し合っている」面接が，「うまくいっている」と考えていました。さて，あなたはどう思いますか。面接が「うまくいっている」のであれば，触法行為はし

第2章　関係構築という壁：クライエントに拒絶されないための覚書　　33

ないはずです。なのに逆に増えてしまいます。この面接は本当に「うまくいっている」のでしょうか。

　実はこのケース，クライエントは「触法行為をする」という意志が明確なときほど，担当カウンセラーに，「司法に協力的な良いクライエント」というペルソナを見せていたのです。触法行為をする人の多くは，その行為が自己実現の手段になっています。犯罪だとわかっていても「やりたい」のです。邪魔されたくないのです。

　そのような力動がある人にとって，その行為を咎められること，邪魔されることは面倒くさいことです。そこで，「誰にも咎められない，邪魔されない」を求めるあまり，触法行為への意志を隠そうとします。そこで，「司法に協力的なペルソナ」をカウンセラーに見せることで，触法行為への強い意志を隠していたのです。

(4)　ペルソナへの注目も無意味とは言い切れないが・・・

　残念なことですが，この担当カウンセラーは，クライエントが見せたいペルソナしか見えていませんでした。もちろん，このようなクライエントがペルソナを見せようとするゲームに付き合うことも，まったく無意味というわけではありません。

　時には，ペルソナで自分を隠さないと，来談できないクライエントもいます。このようなケースでは，私たちがペルソナに付き合うなかで，じわじわとカウンセラーが安心な存在だと認識してくれるかもしれません。そうなれば，徐々に本当の「顔」を見せてくれて，結果的に私たちが心のシアターにたどり着くことができる場合もあります。

　しかし，図2-5のように心の橋，すなわちラポール／アフィアンスが成立していると油断してしまうのは，プロフェッショナルとして残念なことです。筆者が検討してきた事例の中には，カウンセラーのこの油断が中断を招く場合もあります。中断していなくても油断は禁物です。前記の司法面談の例のように，「A」が本心を隠す目的でペルソナを見せ続ける場合もあるからです。隠し続けることがクライエントの目的なので，ここでカウンセラーが

油断してしまっていると，隠され続けてしまうことになります。

(5) 司法領域以外の場合

　司法以外の例としては，「A」が上司というペルソナで，問題を抱えている部下のことで来談しているという場合もあります。あるいは「A」が部下や患者であれば，上司や医師の指示で来談しているような場合もあります。これらはペルソナを巡るコミュニケーションをしているだけなので，表層的な話だけで，「カウンセリングに来談した」というアリバイが貯まるだけです。クライエント自身の心のシアターを巡る心の橋が成立していないので，クライエントは変化のステージを進むことはありません。

　このようなペルソナに基づく来談は，司法領域，医療領域，産業領域だけでなく，教育領域におけるカウンセリングでも，親が学校関係者または親族に責められないために来談している，教師が校長や学年主任，ご父兄に責められないために来談している，などでも起こりえます。一見，関係構築できているようですが，図 2-5 のように，「A」と「B」の間に本当の意味での「心の橋」は存在しません。クライエントが私たちに見せているものがペルソナか，クライエントの本当の心の世界か，常に問い続けるのが熟練のカウンセラーです。このことをいつも心に留めておきましょう。

第3章

傾聴という壁
：「受容・共感・自己一致」より「存在感」を

　第2章で，初級者，特に初学の方には，傾聴が最初の壁になりやすいことを紹介しました。その一方で，初学であっても直感的に「人の話を自然に聴ける」という方もいます。しかし，「人の話を自然に聴ける」という方であっても，それはそれで「同じ話をグルグル聴くだけ」に陥りやすい印象です。こうなると，ラ・ポール／アライアンスの構築や，step 1の現実検討フェーズにたどり着くことに，壁が生まれてしまいます。

　実は，カウンセリングにおける傾聴とは，単に話を聞くだけのことではありません。また，よく言われているカール・ロジャーズロジャーズ（Rogers, C. R.）が強調した「受容・共感・自己一致」[*1]も，傾聴の本質ではありません。第2章で，私たちがクライエントと共同注視の三角形の関係をつくることや，心のシアターへの理解を強調しましたが，本章ではクライエントが実感する私たちの存在感に注目して，傾聴の在り方を考えてみましょう。

　本章ではまず，日本ではほとんど知られていない，ロジャーズが語った傾聴の本質をご紹介します。そのうえで，筆者が試みたその本質の実際を掘り

---

*1　実はロジャーズは，自己一致（カウンセラーがリアルな存在としてクライエントと向き合っている，などと表現され，純粋性，一致性と呼ばれることもある）が，最も基本的な態度と考えていた（Rogers, 1966）。たとえば，明らかにクライエントに集中していないカウンセラーに，相談したい人はいないだろう。一方で，自己一致が強調されすぎて，傾聴は「クライエントに全力で向き合うことが最も重要」と誤解されることも好ましくない。カウンセリングにおける傾聴は，後述するように受容的で母性的な存在感が必要とされる。カウンセラーが主体的，積極的になりすぎてはいけない。そこで，相対的に母性的な態度が伝わりやすい「受容・共感・自己一致」という順番で，表現されることが多いのかもしれない。本書でもこのような観点から表現している。

下げる研究をご紹介して，より良いカウンセリングにあなたが近づけるように，トレーニング方法もご紹介しましょう。

1. 傾聴とは「受容・共感・自己一致」?

　カウンセリングにおける傾聴の本質を身につけるために，まずは傾聴におけるありがちな誤解をリセットすることから始めましょう。結論から述べると，私たちは図3-1のようなイメージで，「受容・共感・自己一致」を捉えなければなりません。

　図3-1は，受容的態度も共感的理解も自己一致も，「母性的風土」なるものをクライエントに提供する手段の一つにすぎないことを表しています。本節ではその背景をご紹介します。

(1)「傾聴」の本質は「存在感 (presence)」?

　心理療法でもキャリアコンサルティングでも，カウンセリングの初学者向けのテキストでは，ロジャーズが提案した受容的態度，共感的理解，そして自己一致を完備した話の聞き方を，「傾聴」の本質と捉えていることが多いようです。これはロジャーズの1950年代の論文（Rogers, 1957）に基づくものです。一部ではこの3項を「傾聴の3条件」と言うこともあるようです。

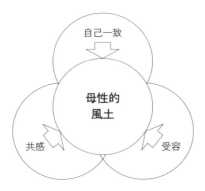

図3-1　母性的風土と受容・共感・自己一致

第3章　傾聴という壁：「受容・共感・自己一致」より「存在感」を　　*37*

　しかし，実はキャリア最後期のロジャーズ（以下，後期ロジャーズ）自身は，本当に重要なことはこの3項ではないと考えていたようです。たとえばボールドウィン（Baldwin, 2000）によると，「クライエントに対してカウンセラーが存在すること」，言い換えれば，カウンセラーの「存在感（presence）」が本当に重要なことだと考えていたようです。いわゆる「受容・共感・自己一致」は，そのための重要なファクター（効果要因）には間違いありませんが，この3項が目的であるかのように強調されすぎると，「存在感」という本質を見失い，良い傾聴にならないとも考えていたようです（Baldwin, 2000）。

(2)　「受容・共感・自己一致」より重要なもの

　後期ロジャーズのこの考察について，もう少し掘り下げて考えましょう。この考察は一見すると，1950年代の彼自身の活動を否定しているように見えるかもしれません。もちろん，そうではありません。

　くり返しになりますが，受容的態度（その苦しみも喜びも含めて，クライエントという存在を祝福し慈しむ姿勢），共感的理解，そして自己一致（受容・共感に嘘がなく，"クライエントのためのカウンセラー"としてリアルに存在する姿勢），このすべてがほとんどの心理カウンセリングで重要なファクターになりえます（たとえば，杉山ら，2007）。このことは国際的なディスカッションにおいてもくり返し支持されています（たとえば，Stricker & Gold, 1996；Goldfried, 2007；Lambert & Norcross, 2015）。

　その中で，後期ロジャーズがこれまでの自身の活動を否定，または修正するかのような考察を公表したのはなぜでしょうか。その理由の一つは，これらの3項をカウンセラーが"行う"ことを意識しすぎると，自分自身がクライエントに与えている存在感に，配慮できなくなることがあるからです。

(3)　カウンセラーの意識の容量の限界

　人の意識の容量は有限です。意識の基盤は心理学ではワーキングメモリと呼ばれるものですが，ワーキングメモリには厳密な容量制限があります。余計な刺激が存在しない実験室では「7±2」とされていますが，多くの刺激が

飛び交う日常生活では「4±1」です。余裕がないときには「3項目」が限界です。

　つまり，私たちが「傾聴の3条件を行う」ことを意識すると，私たちのワーキングメモリのほとんど，あるいはすべてがこれに充てられてしまいます。後期ロジャーズは「3条件よりも存在感が大事」と述べたわけですが，ここからこの3条件が強調されすぎたため，クライエントに与えている存在感に配慮できないカウンセラーが増えた，と考えていたことがうかがえます。

　実はこのことは，実務家または指導者としての私の実感とも一致しています。私のトレーニー（訓練生）時代は，後期ロジャーズが存在感について語る前だったので，私も3条件を徹底するようにトレーニングされました。結果として，3条件を意識すればするほど，クライエントのことがわかりにくくなり，実務に困難を感じるようになってしまいました。

　私なりにクライエントのリアクションを観察しながら熟考した結果，クライエントに与える存在感を意識することのほうがより重要である，という結論に至り，その意識で実務を行うようになりました。その後，後期ロジャーズが筆者の経験と同義のことを語っていることがわかり，存在感の重要性にさらに確信を持つようになりました。

(4) 共感しようとすればするほど共感できない？：脳が生み出す共感のパラドックス

　ここでは，カウンセラーの脳の状態という視点で考えてみましょう。私たちの脳には複数のネットワークが存在していますが，カウンセリングに関係するのはデフォルトモードネットワークとタスクポジティブネットワークの二つです（図3-2）。

　前者は他者に関心を持ち，他者の気持ちを想像する活動を支えます。私はこの働きに注目して，「共感脳」と表現する場合もあります。後者はその名前のとおり，何らかの遂行課題を持っているときに働くネットワークです。カウンセリングでは主に助言や提案（質問を含む）を支えるので，「助言・提案

第3章　傾聴という壁：「受容・共感・自己一致」より「存在感」を　　39

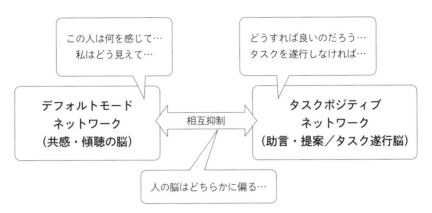

図3-2　デフォルトモードネットワークとタスクポジティブネットワークの相互抑制

脳」と表現する場合もあります。

　両者の関係はどちらかがアクティブになると，もう一方は働かなくなるという相互抑制の関係にあります。そして，「受容・共感・自己一致」は「カウンセラーが成すべきこと」です。この3項ができているかどうかを気にかけてしまうと，より強く働くのはどちらのネットワークでしょうか。タスクポジティブネットワークが文字どおり「タスク（成すべきこと）」を意識させるので，共感脳であるデフォルトモードネットワークは働きにくくなることでしょう。すると，私たちはクライエントが何を感じているのか，わからなくなってしまいます。

　つまり，極端な表現をすれば，共感しようと頑張れば頑張るほど，共感できなくなる。クライエントに私たちがどう映っているかわからなくなる[2]というパラドックスが起こるのです。カウンセリングの基本とされる3項，

---

[2] 参考までに，ある認知行動療法の大家とされるベテラン実務家の，某学会の共感を巡る議論の中での発言を紹介しよう。彼は「（過度な）共感は不要。私たちが気持ちを汲み取っているように見えて，信頼されていればそれで十分」と断言した。これは共感に酔いしれる一部の実務家に向けての発言なので，認知行動療法は共感をないがしろにすると誤解しないでほしいのだが，これはロジャーズの存在感を巡る示唆と内容的には極めて近い。実務家とは熟練レベルを超えると，受容・共感・自己一致にこだわるより，クライエントにどう映るかを気にかけるようになるものなのかもしれない。

受容・共感・自己一致は確かに必要で，私たちは「できている」ように心がける必要がありますが，過度に頑張りすぎる（意識しすぎる）と，クライエントの気持ちがわからなくなるのです。

2. 母性的風土とその効果

ここからは，私たちはどのような存在感を持つべきか，そしてその存在感にはどのような効果があるのか解説します。まずは，再び後期ロジャーズを参照しましょう。

(1) 母性的風土とその対極としての父性

ボールドウィン（Baldwin, 2000）によると，クライエントが安心して考えられる「心理的風土」を提供できる存在感，と表現されています。ここで，「心理的風土」なる新しい用語が登場しました。これは具体的にはどのようなものなのでしょうか。

その一つの手がかりとして，本章ではロジャーズの方法論の源流と考えられているシャーンドル・フェレンツィ（Ferenczi, S.：1873-1933；末武，1997）を参考に，「母性的風土」[*3] と表します（杉山，2019）。ここでいう母性，およびその対極である父性について説明しましょう。河合（1994；およびその後継者らの臨床心理学的考察）によると，それぞれ次のように表現できるでしょう[*4]。

[*3] 「母性的」なる表現は，ジェンダーを巡る議論が起こりやすい世相では，ダイバシティ＆インクルージョン促進運動家など，社会運動家等からの非難を浴びる可能性があるが，カウンセリングの歴史の中では伝統的な表現だと考えられる。たとえば，ロジャーズの源流とも言えるフェレンツィが遺した考察では「慈母転移（tender mother transference）」なる用語もある（Rachman, 1995）。これらのことから，カウンセラーが提供するべき心理的風土は20世紀半ばまでの古典的な母性観と重ねて考察されてきたという歴史があったと言えるだろう。そこで，本書では一部では批判もあるが，カウンセリングの歴史を尊重して「母性的」という用語で解説する。

母性：対象を慈しみ包み込む，受容的で温かみに満ちた存在感を持って保護することで，自発的な成長を願う支持機能。

父性：物事の良し悪しをはっきりと切断し分離させ，より現実的で合理的な方向に導く，教育・矯正的な指示機能。

つまり母性的とは支持で，対極にある父性とは，何らかの基準で「良し悪し」を決める指示の姿勢であると言えるでしょう。河合（1994）などによると，カウンセリングでは母性と父性のバランスが重要ともされていますが，関係構築フェーズでは，母性的な存在感がより重要であると言えるでしょう。父性は現実検討以降のフェーズで必要となりますが（第4章・第7章・第8章），筆者の印象では母性的な存在感を壊すような強度ではなく，「柔らかい父性」くらいを心がけたほうがよいでしょう。

(2) 「私に大切にされると，クライエントは自分を大切に考えるようになる」

ところで，『グロリアと3人のセラピスト（*Three Approaches to Psychotherapy*）』をご存知でしょうか。これは，1964年に米国で企画・制作され，翌1965年に公開された，史上初のカウンセリングのデモンストレーション映像教材[5]です。本節の表題は，この教材の中でロジャーズが語った言葉の邦訳です[6]。この言葉は，母性的風土の効果を，ロジャーズが経験を根拠に語ったものと評価できるでしょう。

---

[4]　なお，河合（1994）とその後継者たちは，カウンセリングにおける母性と父性のバランスの重要性を説いている。ここでいう父性とは，本書でいう現実検討フェーズ以降のカウンセラーのタスクに該当する。

[5]　最も視聴されているカウンセリングの映像教材（Kirschenbaum, 2007）とされているが，後にクライエント役"Grolia"から訴訟を起こされるなど，今日的なコンプライアンスでは個人情報保護における問題を持つものでもある（たとえば，末武，2010）。しかしながら，その後のロジャーズとクライエント役の交流などから，母性的風土の提供とそれに続く関係構築の一つのモデルとして評価できる（たとえば，Weinrach, 1990）。そこで，本書では，読者がより良いカウンセリングにたどり着くための参考として活用している。

表3-1　被受容感の項目

- 私はたいてい受け容れられている。
- 私は信頼されている。
- 私は理解されている。
- 私が行くと喜ばれる場がある。
- 私はたいていの場で認められている。
- 私は人並みには大切にされている。
- たいていの人は私に快く応えてくれる。
- だれか私に優しくしてくれる人がいる。

筆者はこの言葉の科学的なエビデンスを求める実証研究を行いました（たとえば，杉山，2002；杉山・坂本，2006；Sugiyama, 2004）。この研究では，母性的風土（大切にされていると実感できること）を「被受容感」と定義し，心理学的な測定方法を開発して効果を検討しました（表3-1参照）。

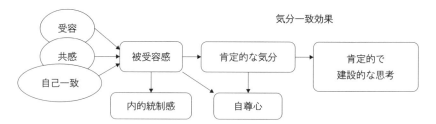

図3-3　被受容感（母性的風土）の効果（杉山ら，2012を一部修正）

一連の研究の結果，被受容感は内的統制感（自分が何かをしたら何かが起こるという実感），肯定的な気分，自尊心（自分の社会的価値についての実感）に，影響することが示唆されました（図3-3）。特に気分との関係は深く，気分の変動の少なくとも30～40％は被受容感が影響することが示唆されています。

(3) 気分一致効果が促す建設的な思考：カウンセラーが待つことの意味

そして，心理学ではくり返し確認されている現象として，「気分一致効果

＊6　原文は"Feeling herself prized by me, it is quite possible she'll come to prize herself more"。

（mood-congruent effect）」（Bower et al., 1981）が知られています。気分一致効果とは私たちの想起内容や注目する事柄，推論などのいわゆる思考活動が，その時々の気分と一致した方向に偏りやすいという現象です。日本人に馴染みのある表現としては，「笑う門には福来たる（笑って良い気分でいることを心がけていると，幸運が訪れる）」が近いでしょう。

　前記のように，被受容感はかなり強力に人の気分を良い方向に導きます。したがって，被受容感が高まることで結果的に肯定的な気分一致効果が生じ，クライエントの思考は肯定的で前向き，そして建設的に変わる[7]と考えられます。

　言い換えれば，母性的風土の中で多くのクライエントが主体的に考え，気づく力（現実検討力）を発揮することが期待できるのです。母性的風土にはこのような，クライエントの気づく力を支持する機能もあるのです。したがって，私たちは母性的風土を提供しながら，クライエント自身が考えることを見守る姿勢が必要です。

　見守ることは「待つこと」とも表現されますが，これは決して消極的に待っているというわけではありません。クライエントの考える力を引き出すために，積極的に待っているのです。もちろん，待っていても現実検討力を発揮してくれないクライエントもいますが，その際の対応は第5章以降で解説します。

3. 「相談して良かった！」と感じていただくために

　ここからは，クライエントが何をもって「大切にされている」と実感し，「相談して良かった！」という体験につながるのか解説しましょう。

　筆者は，「相談して良かった！」と「相談するんじゃなかった……」の境目の研究も行っています（杉山，2013）。この研究はロジャーズが援用した現象学と，近年の神経科学（脳科学）を融合させた研究なので，少々難解です。

＊7　ロジャーズは "constructive change" という表現を使っている。

そこで，本書では研究の結論だけご紹介します。

　話の聞き方の重要なファクターとして，「注目と身近さ」と「承認」の姿勢が，「良かった！」に関与することが示唆されました。また，「相談するんじゃなかった……（不満だった）」に特に強く関与している話の聞き方ファクターとして，「感情の汲み取り」がないことが示唆されました（表3-2）[8]。それぞれ詳しく解説しましょう。

(1)「注目と身近さ」

　クライエントが見ている心のシアターを一緒に見よう，という姿勢が中心となっています。そして，この姿勢を貫くことで，結果的に「身近に感じる」「遠くに感じることはない」という一体感が体感されていると考えることができます。一体感は，ラ・ポール／アライアンスの前駆体とでも言えるようなもので，内容的には第2章で紹介した共同注視に該当しています。したがって，「注目と身近さ」は関係構築の礎となる聞き方ファクターと言えるでしょう。

(2)「承認」

　「良い悪いの判断なしに受容してくれる」という姿勢です。これは「母性」に該当する姿勢ですが，むしろ「父性」的な姿勢は，「仮にあったとしても意図的に抑制し，母性に集中している」とも言えそうな項目内容になっています。私たちカウンセラーも人間ですので，自分自身の感性や価値観もありますが，関係構築フェーズでは抑制したほうが良さそうです。なお，「注目と身近さ」と「承認」は中程度の関連が示唆されているので，両者の態度は相互に支え合っていることが示唆されます。つまり，どちらかでも欠けると，どちらも体感してもらえないことを意味しています。

---

　[8]　この研究では，満足関連，不満関連，合わせて16ファクターが見出された。しかし，人が実務レベルで考慮できる事柄は，「4±1」以内であることが知られている（Cowan, 2001）。そこで，ここでは実務レベルでの活用を考慮して，最重要の3ファクターの紹介に絞っている。

第3章　傾聴という壁：「受容・共感・自己一致」より「存在感」を　　*45*

表3-2　カウンセラーの態度チェックリスト

	できな かった	あまりでき なかった	どちらとも 言えない	多少 できた	できた
注目と身近さ					
私の伝えたいことに注意を向けていた。	1	2	3	4	5
私の話していることを概ね理解していた。	1	2	3	4	5
話していて，相手をとても身近に感じた。	1	2	3	4	5
私の言おうとしていることに目を向けていた。	1	2	3	4	5
話していて相手を遠くに感じることはなかった。	1	2	3	4	5
承認					
相手の枠組みで私を理解しようとする態度はなかった。	1	2	3	4	5
言葉になりにくかったことを，よりわかりやすく言い換えた。	1	2	3	4	5
私の話を誤解したこともあったが，気づいたらすぐに修正した。	1	2	3	4	5
相手の立場次第では不快に思うようなことでも，私の気持ちを 承認した。	1	2	3	4	5
私に少々良くないところがあっても，私に対する厚意は変わる ことはなかった。	1	2	3	4	5
感情の汲み取り					
言葉になりにくかったことを，よりわかりやすく言い換えた。	1	2	3	4	5
私の話した言葉の背景にあるいろんな気持ちを汲み取っていた。	1	2	3	4	5
私の言葉にしにくい気持ちも理解しているように感じた。	1	2	3	4	5
私が口にした言葉にこだわるのではなく，私の気持ちに焦点を 当ててくれた。	1	2	3	4	5
私が感じていることを，同じように感じているように思えた。	1	2	3	4	5

(3)　「感情の汲み取り」

　項目文の内容を要約すると，相談者が「クライエントの言葉尻にとらわれるのではなく，言葉の背景にある"気持ち"を理解しようと努める姿勢を感じ取っている」と，表現できるでしょう。日本語でいう"気持ち"は，「物事の解釈（認知，自動思考）」とそれに伴う「感情」をかけ合わせたものを表すことが多いのですが，「物事の解釈」は心のシアターの重要な一部です。つまり，「感情の汲み取り」の重要性が示唆されたということは，クライエントの心のシアターに対して同じ気持ちで見ようという姿勢がないと，相談したこ

とへの不満につながることを意味しています。一般的に，不満を持っている相手に対して信頼感を持つことは難しいでしょう。私たちが心のシアターを見ることのいっそうの重要性がうかがえます。

4. 存在感を磨くためのトレーニング

　ロジャーズが示した「受容・共感・自己一致」の3項は，傾聴における最初の指針として極めて重要だと私も実感しています。しかし，晩年のロジャーズがカウンセラーの存在感に注目したように，「クライエントに私たちがどう映るべきなのだろうか」という視点から再検討すると，また別の表現方法が浮上してきました。それが，この研究で見出された「注目と身近さ」「承認」「感情の汲み取り」です。もちろん，この表現方法がすべてではないのですが，傾聴や関係構築に壁を感じている方は，表3-2を意識することで壁を超える糸口が見えてくることでしょう。

　そこで，表3-2はチェックリスト形式にしました。あなたがこれまで担当した面接の中でクライエントに各項目のように感じていただくことが"できた"かどうか，可能であれば日々の相談活動の中でチェックしてみることをお勧めします。少なくとも一度はチェックしてみましょう。

　なお，表3-2は少々ボリュームがあるので，日常的にチェックするのは困難でしょう。そこで，これらの中で特に重要な項目を「相談して良かった!!の3カ条」（表3-3）としてピックアップしました。日々の相談業務の中で，この3カ条がどの程度できたか振り返ることで，熟練レベルのカウンセリングスキルを維持・発展させることができるでしょう。

　　表3-3　相談して良かった!!の3カ条

・私の伝えたいところに注意を向けていた。 ・私に少々良くないところがあっても私に対する厚意は変わらなかった。 ・私が感じていることを同じように実感しているようだった。

5. 共感の質と効果的なカウンセラーの存在感を示唆する研究

　ここからは,「共感の質」について解説しましょう。バチェラー (Bachelor, 1988) は,私たちが実施する傾聴や共感をクライエントがどのように体感しているか研究しています。この研究では心理療法を受けている学生を対象に,カウンセラーに共感されている体験をどのように実感しているか,自由記述させる研究を行いました。自由記述を分類すると,認知的共感,愛情的共感,共有的共感,そして養育的共感の4分類が見出されました。以下にそれぞれ解説します。

　　認知的 (cognitive) 共感：これは,カウンセラーがクライエントの体験した出来事や,そこで感じたこと,連想したこと,さらに考えていることを了解し,理解しているという,クライエントの認識です。この研究に参加した44％が,このように体感しているとされています。

　　愛情的 (affective) 共感：これは,情緒豊かな存在感です。クライエントが感じているのと同じ感情を,カウンセラーも厚く感じているというイメージです。包み込むような印象が伴う場合もあるとされ,クライエントの30％がこのように体感しているとされています。

　　共有的 (sharing) 共感：これは,クライエントが孤独に体験しているであろう負担感や責任感,苦悩と近いことを,カウンセラー自身も体験しているという存在感です。カウンセラーが自己開示をしたときに伴うことが多いとされています。苦悩を分かち合うようなイメージで,18％のクライエントがこのように体感しているようです。

　　養育的 (nurturant) 共感：これは,カウンセラーがクライエントを気にかけ,協力的で気配りがあり,クライエントの成長や発展を保護するかのような存在として体験されることです。安全を提供しているような体験とされることもあり,クライエントの7％がこのように体験するとされています。

この論文の中でバチェラー（Bachelor, 1988）は，共感によって適切な存在感が提供されると，クライエントの良い意味での自己愛が満たされ，クライエントの苦痛が軽減され，さらにクライエントが必要としている何らかの治療効果も見られるようになると示唆しています。この4分類がクライエントに必要とされる存在感のすべてではありませんが，クライエントが必要とする存在感を感じ取る参考にしてください。

6. 共感の質を意識した傾聴テクニック：期待を裏切らないための関与観察との併用

本節では，この研究を活かした私たちの上達方法について解説しましょう。まず，私たちに大事なことは，愛情的，共有的，養育的とクライエントに見られることを，受け入れることです。受け入れられなかった場合にどうなるか，事例を通して紹介しましょう。

(1) 同じ話をくり返す中年女性：養育的な存在感を受け入れられないカウンセラー

子ども時代にパワフルな大人たちに囲まれて育った場合，主体性を発揮すると周りの大人たちに威圧され，時に容赦ない折檻を受けます。そのなかで子どもは，主体性を放棄して周りの大人たちに従順に振る舞うしかありません。そのかわり強力に保護されるので，この生き方がライフスタイルになっている場合もあります。このような女性が中年期に差し掛かったとしましょう。

彼女は徐々に自分自身にも主体性があることに気づき，自分の生き方に違和感を覚えはじめました。そして，子ども時代から従順であることで犠牲にしてきた，「自分が本当にやりたかったこと」に気づきだしました。そして，「（あの時）本当はこうしたかった，ああしたかった……」という思いが，そこはかとなく湧き出すようになりました。その結果，今までにない不全感を覚えるようになり，カウンセリングを求めました。ですが，主体性を発揮す

ると折檻を受けた経験から，自分自身の主体性を感じるだけで不安を感じるようになっています（一種の古典的条件づけ）。

となると，この女性が安心して自身の主体性を発揮するためには，上記の分類でいうところの，養育的な存在感による保護や安心感が必要になります。しかし，担当したカウンセラーがクライエントの話を一生懸命に聞いて，了解することを得意とする認知的共感を提供しがちがカウンセラーだったとします。つまり，養育的な存在感としてクライエントに見られることを，積極的に受け入れていないカウンセラーです。

クライエントが必要とする存在感をカウンセラーが受け入れていなければ，そのように感じさせるリアクションも制限されます。こうなると，クライエントは自身の主体性を感じて「○○したかった」と語ったとしても，すぐまた不安になって「でも，やっぱり……」となってしまいます。しかし一方で，主体性を封じ込めることにはもう嫌気も差しています。再び主体的な

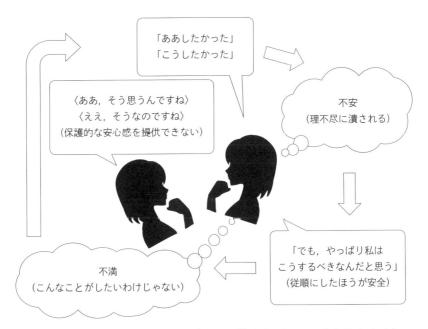

図3-4　同じ話がぐるぐる回る一つのパターン（左カウンセラー，右クライエント）

意志を語ります。そして再び不安になって、再び「でも、やっぱり……」と主体性を封じ込め、というくり返しになってしまいます。結果的に何も進まない「同じような話をくり返す」ループに、カウンセリングがはまり込んでしまうのです（図3-4）。

(2) どうあればクライエントの期待を受け止められるだろうか

このようなケースでは、たとえば図3-5のような展開があることが必要です。この展開も、ずっとこのループをくり返してよいわけではないのですが、従順を止めること、何らかの変化を起こすことへの動機づけが育つことを期待できます。すると、クライエントの変化のステージが、熟慮から変化の準備へと進むきっかけになります。

ただ、私の指導者としての経験では、カウンセラーがどのような存在感を提供すればよいのかわかったとしても、担当者であるカウンセラーがやりき

図3-5　養育的な存在感が提供されて従順を止める動機づけが育つ展開例

れない場合もあります。たとえば，上記のケースで担当カウンセラーが若い女性の場合，養育的な態度を取ることに違和感を覚えてしまうことがあります。言い換えれば，クライエントが必要とする存在感を受け止めきれない，あるいはカウンセラーへの期待を受容できないような場合は，クライエントにとって役立つ存在感を提供することが難しくなるのです。

なお，図3-5のようにできなくても，図3-6のように共有的な存在感を提供することで，展開できる場合もあります。このような展開でもクライエントの変化のステージは進みます。

カウンセラーは，必ずしもクライエントが期待している存在感を提供できなくても，変化のステージを促進させる存在感を考えて，自分のあり方を顧みるほうが良いでしょう。特に，同じ話がぐるぐるくり返されるような場合は，カウンセラーが受容可能で，クライエントに役立ちそうな存在感を考えてみることが重要です。

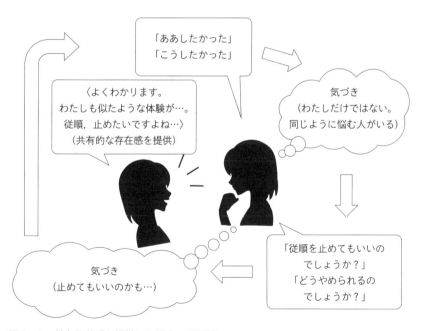

図3-6　共有的共感を提供した場合の展開例

(3) 提供できる存在感の限界はカウンセリングの限界

ちなみに，年配のカウンセラーでも，社会的実績を強く気になさる方の場合は，自分より実績のある方のカウンセリングを担当した際に萎縮してしまって，提供できる存在感が制限される場合があります。筆者が指導した中では，そのために中断したようなケースもいくつかありました。

また，クライエントという存在がカウンセラーの何らかの葛藤を刺激するために，カウンセラーが提供できる存在感が制限されることもあります。このような場合は，クライエントに刺激される部分も含めてカウンセラーが治療的にリアクションできるように，スーパーヴィジョンを受けながら担当するような場合もあります。

いずれにしても，カウンセラーが提供する存在感は大きな影響力があります。存在感の限界は，カウンセリングの限界と言ってもよいくらいだと筆者は感じています。筆者の場合，女性のクライエントに恋愛性転移に発展しそうな兆候が見えるような場合は，提供可能な存在感の範囲を話し合って，それでもカウンセリングを継続するか，担当者を変えるなどの措置を取るか，と話し合うようなこともあります。

筆者以外でも，1990～2010年代にかけて「大家」と呼ばれ，活躍していたあるベテランの心理臨床家は，若手時代はカウンセリングを担当しなかったそうです。理由は，年配のクライエントに「あなたみたいな若い人に話しても」とに言われてしまって，提供できる存在感の限界を感じたからだそうです。存在感の限界は，大家とされる心理臨床家にも大きな壁だったようです。

(4) 熟練へのトレーニング

ロジャーズも最晩年には存在感の重要性を強調しましたが，私たちは常にクライエントに役立つ存在感を考え続けることが必要であると，ご理解いただけたかと思います。トレーニングとしては，まずはバチェラー（Bachelor, 1988）の四つの存在感として，自分がクライエントに見られている状況を想

像してみてください。

　あなたは，その存在感で見られることを受け入れられますか。受け入れられる存在感，提供可能な存在感について自己理解を深めておくことも，プロフェッショナルの重要な姿勢の一つです。

第4章

脳科学という壁
：心の痛みと生き残るための「ウマの脳」

　第3章では，デフォルトモードネットワークとタスクポジティブネットワークは同時に働かないことを解説しましたが，カウンセリングを行ううえで知っておきたい心と脳の"法則"が，もう一つあります。それは「受容・共感はかなり強力に脳の興奮を鎮める」ということです。

　本章では，一つ目の法則である受容・共感の脳への効果について，筆者が考案した「シアター＆スポットライト理論」（杉山，2013a，2013b，2014）を通して紹介しましょう。すでに，「人の心と脳は，他者という刺激，特に表情という刺激に最も敏感に反応する」（坂本ら，2012）という法則はご紹介しています。本章でさらに心と脳について詳しく知ることで，カウンセリングのさらなる上達を目指しましょう。

1. 私たちはなぜ脳について学んでこなかったのか

　ところで，日本のカウンセリングのテキストでは，脳の相互作用についてほとんどと言ってよいほど触れられていません。近年の心理学は，心的活動の基盤とされる脳の研究と密接に結びついて発展しています。カウンセリングも，関連する心と脳の研究の発展を吸収して，いっそうの発展を目指すべきだと言えるでしょう（坂本ら，2010）。

　そうした流れの中で，なぜ日本のカウンセリングは脳について学んでこなかったのでしょうか。その理由は数多挙げられますが，日本のカウンセリングではロジャーズロジャーズ（Rogers, C. R.）の活動が広く普及していることも，その理由の一つと言えるでしょう。

(1) なぜロジャーズは心理学より現象学を好んだのか

　ロジャーズは傾聴の考察や説明のために，心理学ではなく現象学を援用しています（たとえば末武，1986）。このことは，その時代の心理学の発展を考えると，理にかなったものと考えられます。当時の心理学では，人間を「入力刺激を処理し，その処理結果を出力（行動，生理的変化，知覚などの反応）するマシーン」と捉える人間観，いわゆる「人間機械論」（図4-1）が注目されていました。

　この人間観は心理アセスメントや認知行動療法では今日でも活用されています（たとえば杉山ら，2007）。これはこれで，カウンセリングに有用です。しかし，本章で紹介するように，この人間観は時に私たちを傾聴が困難な脳の状態に導きます。この人間機械論を援用して，傾聴をシンプルに考察するのは困難だったことでしょう[*1]。したがって，現象学の援用は必然性があったと言えるでしょう。

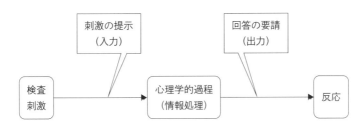

同じ「刺激」を提示したときに，反応が個々人で違えば，
その反応は個人の特徴を理解する資料になる。

図4-1　人間機械論：心理アセスメントの基本原理

---

*1　当時は，ロジャーズと人間観・治療観で牽制し合う関係にあった行動主義の心理学や，錯覚などを主要なテーマとするゲシュタルト心理学が，確立された時期であった。また，人間機械論の延長線上にある認知行動療法の文脈では，傾聴などの関係構築フェーズは必要とされつつも，ほとんど考察されていない（Leahy, 2007）。なお，ロジャーズが心理学を援用しなかった理由としては，当時の心理学界や数名の心理学者との確執のようなものがあったことを挙げる研究者もいる（金原，2013）。

(2) 脳を知ってカウンセリングを実施するメリット

　現象学は難解です（南，2023）。実体がないので観念的になりがちで，理解することも，使いこなすことも簡単ではありません。現象学よりも理解しやすく，私たちのカウンセリングをより良くできる学問があれば，その援用を考えたほうが良いでしょう。一方で，脳は実体があります。実体がある脳を通して考えることで，より良いカウンセリングの在り方も見えてくることでしょう。

　そこで，本章ではカウンセリングで意識しておくべき脳の仕組みの紹介を通して，第1章で紹介したカウンセリングのロードマップ，「3階層モデル」への理解を深めることを目指しましょう。

2. 受容・共感はかなり強力に脳に効く

　本節は，第3章で紹介した母性的風土と被受容感の効果を思い返してお読みください。ここではまず，母性的風土や被受容感が気分を肯定的にする効果，苦悩を軽減する効果の脳基盤を簡潔に紹介しましょう。

(1) クライエントの多くは心の痛みを抱えて来談する

　まず，クライエントがどのような状態で来談するか考えてみましょう。ほとんどのクライエントは，何かしら困っているから来談します。困っているということは，そこには不安や不満，怒り，悲哀など，苦痛となる情緒体験があることでしょう。この情緒体験をここでは「心の痛み」と呼びます（岡本，2009）。

(2) 生き残るための脳：大脳辺縁系（ウマの脳）

　心の痛みは脳のどこで生成されるのでしょうか。それは，情動の脳とも呼ばれる大脳辺縁系です（Eisenberger & Lieberman, 2005：図4-2参照）。約6億年前と言われていますが，動物の祖先が食う側と食われる側に分かれ

第4章　脳科学という壁：心の痛みと生き残るための「ウマの脳」　　57

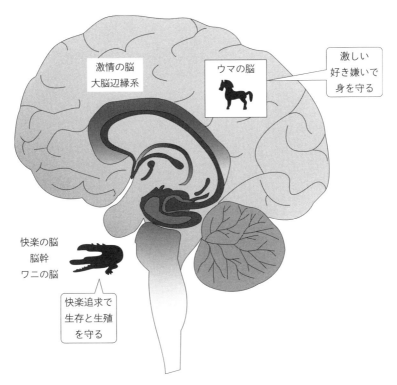

図4-2　大脳辺縁系

た時代に獲得されたとされている扁桃体が，その礎になっています。それ以前の脳としては，命をつなぐ活動（生存と生殖）に私たちを動機づける，生理的な快楽の脳（脳幹）があります。

　リスクに囲まれたとき，命への動機づけが私たちに扁桃体を持たせることになりました。扁桃体は脅威を感じたときに，恐怖とそれに伴う逃走反応（Flight），怒りとそれに伴う闘争反応（Fight）[*2]を促すことで，身を守ります。大脳辺縁系は概ね，これらの扁桃体の反応をより有効にするために発達させたものです。その働きを象徴する身近な動物に例えて，筆者などの脳についての啓発活動を行う研究者は，「ウマの脳」と呼んでいます（杉山，2021）。なお，同じく快楽の脳は「ワニの脳」と呼ばれています。

大脳辺縁系の特徴をシンプルに表現すると，恐竜時代などの哺乳類にとって困難な環境を生き残るときに大活躍したことが挙げられます。リスクに囲まれた環境では，敏感に反応しなければ生き残れません。そこで，ウマの脳は「興奮しやすい」という機能を備えています。そして，生存や生殖につながる「利益」への強い興味（接近反応）を生み出すとともに，リスクに対しては強い恐怖や嫌悪感といった激しい情緒を，危険信号として生み出します（たとえば Freud, 1926）。強い興味が発信された場合は高揚感を伴う興奮を，危険信号が発信された場合は心の痛みを経験します。

(3) ウマの脳のリスク探査と心のスポットライト

ここからは，危険信号を中心に話を進めましょう[3]。危険信号としての感情は，恐竜時代などでは生き残り，次世代に命をつなぐための強力な武器でした。強力な危険信号を備えているから，「食われる」などの生存や種の存続を脅かすリスクを避けることができたのです。

しかし，現代では私たちの危険信号を発する機能は，不安障害やうつ病などとの関連が示唆されています（たとえば岡本ら，2012）。精神医学の文脈では，あたかも私たちを悩ませるために存在しているかのようです。「心を持たない生物に生まれたかった……」などとつぶやくクライエントも，少なか

---

[2]　これらを総称して，逃走 - 闘争反応（Fight or Flight Responses：Cannon, 1929）と呼ぶ。なお，さらに戦うことも逃げることもできない場合の凍結反応（鎮痛ホルモンを伴う死んだふりで，屍肉のふりをする反応：Freeze）を加えた場合は，扁桃体の3 F 反応と呼ぶ。しかし，凍結反応から直立不動状態で逃走チャンスをうかがう怖気反応（Fright：Bracha, 2004；Perry & Pollard, 1998）を区別する見解もある。なお，人に特徴的な扁桃体の反応として，性的暴行による PTSD 研究の文脈では，友好反応（笑顔や好意を示して暴行を避ける反応：Friend），迎合反応（抵抗が暴行を激化させる状況で加害者に迎合する反応：Flop）を加えて（Lodrick, 2007），5 F 反応とすることもある。また，集団内闘争を離脱する失神反応（たとえば血の海を見て失神することで，闘争場面からログアウトする反応：Faint〈Bracha, 2004；Porges, 1995〉）を加える場合もある。

[3]　興味に伴う興奮も，依存症や ADHD を考える文脈では重要になるが，クライエントの来談はクライエントの困惑や苦悩といった一種の心の痛みがきっかけになることが多いため，その説明のために危険信号としての感情に話を限定した。

らずいます。なぜ，こうなってしまったのでしょうか。

これは，私たちが記憶力や想像力に優れた生き物になったからです。私たちの心のシアターは，良くも悪くも他の動物よりも想像や展望が豊かです。想像や展望は新しい世界を作る力でもありますが，恐ろしい世界を想像してしまうこともあります。つまり，現代の私たちのウマの脳は，周辺にリアルに存在するリスクに反応するだけでなく，脳内で想像した脅威に反応してしまうことがあるのです。言い換えれば，私たちの脳が進化した結果として，身を守る武器だった危険信号としての感情が，私たちを脅かすようになったのです[*4]（図4-3）。

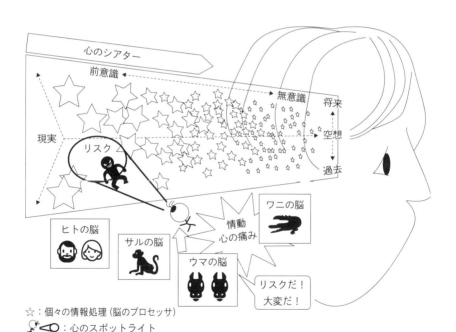

図4-3　心のシアターとウマの脳に操作されている心のスポットライト

(4) 脳がつくり出す心のシアターの恐ろしい世界

これまでの研究に基づけば，私たちの脳が恐ろしい世界を想像するプロセスは，次のように想定できます（杉山，2014）。まず，ウマの脳が敏感になると心のスポットライト（意識）を動かして，心のシアターの中でリスク探査を始めます。現代社会は，それはそれで恐竜時代とは違うリスクがいっぱいです。敏感になったウマの脳がリスクの種を照らし出すと，激情（心の痛み）を生み出して，心のスポットライトをますますそのリスクに集中させます。意識が集中すると，その情報処理を担うニューロンの塊（図中の☆：脳のプロセッサ〈月元，2013〉）にエネルギーが集中し，活性化します。すると，それにつられて関連する脳のプロセッサも活性化します。

脳のプロセッサは活性化が続くと，関連するプロセッサを巻き込んで拡張していく仕組みになっています（たとえば月元，2013）。リスク関連のネットワークが拡張されると，私たちの心のシアターの中では，恐ろしい世界が展開します。この世界は幻であるはずなのですが，心のシアターの中では，私たちの意識はなかなか幻とは認識できません（たとえば安永，1992）[5]。心のシアターの中では，「現実」と「幻」の区別は私たちが思っている以上にあいまいなのです。

そして私たちは，脳がつくり出した恐ろしい世界を，現実であるかのように体験するのです。つまり，心のシアターで展開される世界は，必ずしも私たちの生活空間を正しく反映したものではありません。意識と脳の研究者であるアントニオ・ダマシオはこのような世界を，「脳がつくり出した刺激」

---

[4]　筆者はこの現象を，身を守るはずだったものが逆に痛みを与えて脅かすものに転じたという意味で，「感情のパラドックス」と呼んでいる（杉山，2014）。

[5]　精神科医である安永浩は，現在でいう統合失調症を説明するためのファントム空間論の中で，「主体（患者）」には，「幻影（ファントム）」が「実体的である」と述べている。これは，想定している病態水準に違いはあるが，ダマシオがいう「脳が作り出す刺激」が，多くの人にとって外界に存在する刺激との区別が難しいこと，認知行動療法でいう「自動思考」が，クライエントにとって現実であるかのように体験されること，などと極めて近い現象を表していると筆者は考えている。

（Damasio, 2003）とも呼んでいます。

(5) ウマの脳が引き起こすルミネーション

　このように，私たちは脳がつくり出した幻も含めて，心のシアターの世界を生きています。そして，ウマの脳がリスク探査に伴って，幻の恐ろしい世界を心のシアターに描き出してしまうことがあります。私たちはそれを，現実であるかのように捉えがちです。

　なお，恐竜時代のご先祖と違って，今の私たちにとって最も恐ろしい存在は，同じ人間のようです。自分に敵意を向ける人，害を与えようとする人，低い評価を与えようとする人，自分を社会的に排斥しようとする人，自分から搾取しようとする人，などがよく挙がります。うつ病などでは，惨めな思いや，辛い思いをしている自分自身の姿が挙がることもあります。

　いずれにしても，避けたいリスクが心のシアターに投影されると，ウマの脳は興奮して心のスポットライトをそこに集中させます。スポットライトがリスク集中すると，そのリスクの情報処理（プロセッサ）が活性化し，拡張し，さらに大きく投影されます。そしてウマの脳がさらに興奮し，という「無限ループ」のような現象に陥ります。この現象は，心理学では「ルミネーション（rumination）：反芻」と呼ばれています（Nolen-Hoeksema, 1998）。この現象が生じている間，人は無限の心の痛みに苛まれます。

　私たちの体感時間は，情報処理量と不快感に比例します（杉山ら，2015）。その結果，ルミネーションに苦しむ時間は，ご本人にとっては非常に長く感じられます。つまり，主観的な苦悩は永遠とも思えるかのように長く続くのです。私の長年の主要な研究テーマはうつ病ですが，うつ病に苦しむ方々は，「永遠に続くかのような心の痛み」に耐えきれなくなることがあります。そのため，自分という存在を消したくなり，自死を願うようになる方もいるのです。

(6) ウマの脳とルミネーションの緩和

　さて，ここまでの解説で，ルミネーションにおいてはウマの脳の暴走とも

言えるような状態に陥っていることが，ご理解いただけたかと思います。ル
ミネーションは，心理学研究では，重たい抑うつ状態などの強度の高いもの
が主に研究されています。ですが筆者の印象では，悩んでおいでになるクラ
イエントの大半が，程度の差はあれ悩み事についてのルミネーションを抱え
ておられる印象があります。

　そこで筆者は，概ねクライエントがルミネーティブ（ルミネーション的な
脳の状態）になっている可能性を考慮して，カウンセリングの面接を始めま
す*6。ルミネーティブになっているということは，心のスポットライトが狭
い範囲から動かなくなるということです。人は視野が狭くなると，適切に考
えることができません。そこで心理カウンセリングでは，まずはクライエン
トのウマの脳に働きかけ，ルミネーションの緩和を試みます。どのように緩
和を試みるべきなのか，次項から解説していきましょう。

(7)　共感がウマの脳の働きを緩和するエビデンス

　まず，ウマの脳の性質を振り返りましょう。ウマの脳は，発見したリスク
に反応して，興奮するものです。リスクの危険度が下がれば，その興奮は軽
減して落ち着きます。すると，心の痛みも緩和されます。つまり，ウマの脳
が見積もっているリスクの危険度を下げてあげれば，ウマの脳は鎮まり，心
の痛みも緩和されるのです。

　ここで，ウマの脳にダイレクトに働きかける方法の一つが，注目と共感で
あることを示唆する研究をご紹介しましょう。アイゼンベルガーら
（Eisenberger & Lieberman, 2005）は実験的に，他者に無視され排斥される
リスクを感じさせる状況をつくりました。そして，ウマの脳の中でも社会的
排斥リスクに敏感な部分の活動が強まり，心の痛みを経験することを確認し

---

*6　もちろん，すべての来談者がルミネーションに陥っていると，一方的に決めつける
　　わけではない。たとえば，上司や人事担当者，教師，ご家族など，関係者との面接で
　　は，相対的にルミネーティブでない方が多い印象もあり，逆に当事者について無関
　　心，または偏った関心しか示さないような場合もある。ここでは，主に苦悩や葛藤の
　　当事者を想定した場合に，まずはその可能性を考慮して面接に臨む，ということを意
　　味している。

第4章 脳科学という壁：心の痛みと生きるための「ウマの脳」　63

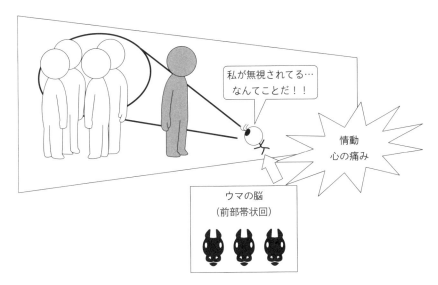

図 4-4　無視される状況と心のシアターとウマの脳

ました（図 4-4）。

　次に，排斥に関わっている他者から，「嫌な思いをさせてすみません」という共感的なメッセージが届く状況をつくりました。すると，ウマの脳の活動が弱まり，心の痛みの緩和を経験することが確認されました[*7]（図 4-5）。

(8) ウマの脳を安心させる私たちの態度

　この結果の解釈は慎重に行う必要がありますが，確かなこととしては，無視されている状態から注目されている状態への変化があり，さらに「嫌な思い」という心の痛みを汲み取って承認するメッセージが提示されています。

[*7] この実験では，大脳辺縁系の最も外側にある（つまり進化という意味では，ウマの脳の中では最も新しい）帯状回の中でも，前部帯状回の活動が測定されている。この脳は後に発達する社会性の脳，サルの脳（第6章参照）と接しており，この後の心と脳の進化の方向を決定づける重要な脳で，人間らしい意識の基盤となる脳とも考えられる。

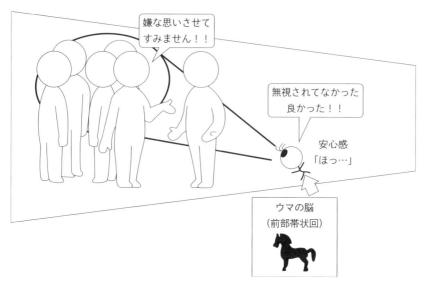

図4-5 注目と共感のメッセージの心のシアターとウマの脳

　これは，第3章で紹介した「相談して良かった！」研究で見出された「注目と身近さ」，「感情の汲み取り」，そして「承認」の要素と重なります。被受容感研究でも，他者に大切にされている実感が肯定的な気分を支えることも示唆されているので，次のように言えるでしょう。

　　　「相談した相手が自分を大切にすることでウマの脳が安心し，心の痛みが緩和する。そして，"相談して良かった"という実感になりうる」

　つまり，私たちの共感的なリアクションや傾聴，関係構築は，何よりも（たとえば向精神薬などよりも）強力に，クライエントの心と脳に作用する可能性があるのです。私たちはプロフェッショナルとして誇りに思い，同時にその責任をプロフェッショナルとして愉しみたいものです。

3. 私たちが「やってはいけない」リアクションとは

　さて，再びウマの脳のリスクへの反応に話を戻し，さらに具体的に私たちがどのような態度を取るべきなのか，または取ってはいけないのか，考えてみましょう。

　苦悩している方にとって，ウマの脳は敏感に安全のモニタリングを行う，心の監視カメラのようなものです。そして，自分と自分の拡張物（立場や財産，人間関係，実存や生きる意味，家族，キャリア，労働環境，生活環境など）が脅かされていると感じると，ウマの脳は警報として恐怖や心の痛みを発信します。ウマの脳が脅威を感じている状況で，どのような刺激を受けると，安心して警報を緩めるのでしょうか。

(1) 不法侵入に例えて考えてみよう

　ここで，仮にあなたの家の監視カメラが，家に侵入しようとしている不審者を捉えた場面を想像してみてください。あなたには不審者を撃退する有効な手段がありません。こんなとき，どのように展開するとあなたは安心できそうでしょう。警察や警備員のように，「脅威に対して共闘する仲間（サポート）」が助けるためにやってくる，という展開があったら安心できるのではないでしょうか（図4-6）。

(2) 「脅威に対して共闘する仲間」という存在感

　くり返しになりますが，クライエントは困っているから来談しています。程度の差はありますが，概ねは心の警報が鳴り響いて助けを求めているような脳の状態でやってくるのです。

　ここで，最晩年のロジャーズがカウンセラーの存在感（presence：第3章参照）の重要性を語ったことを，思い出してください。すると，クライエントが必要としている存在感の一面が，見えてくることでしょう。自分とその拡張物が脅かされていると感じているクライエントには，私たちが「脅威に

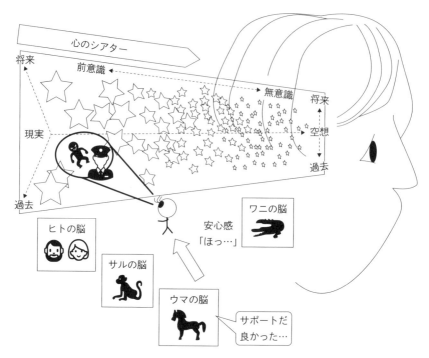

図4-6 ウマの脳の鎮静化（サポートの認知でリスクの危険度が下がる）

対して共闘する仲間」として心のシアターに映ることが必要なのです。

　もちろん，必ずしも本当の警察や警備員のように，ビジュアル的に「厳つい」イメージを私たちが身につける必要はありません。大事なのは，クライエントが感じている脅威について共闘できる存在感です。柔らかい雰囲気であっても，「困っていることの専門家として力になってくれそう」というイメージがあればいいのです。

　また，依存性が高いクライエントは，脅威の排除を請け負うスーパーマンのような存在を期待することもあるので，この期待の取り扱いという別の問題が伴う場合もあります[*8]。ただ，ウマの脳の暴走とも言える状態を緩和するには，私たちが依存されることを警戒して逃げ腰になってはいけません。ますます，ウマの脳を興奮させるだけです。脅威に対して共闘する仲間であ

ると伝わることが必要になるのです。

(3) どのような対応が最悪なのだろう

　ここからは，ウマの脳に対してするべきではない最悪な対応から，私たちが行うべき対応を考えてみましょう。プロフェッショナルとは，やってはいけない最悪な展開を熟知し，その展開に向かうリスクを避けるものです。ここではこれまでと同様に「不法侵入に怯える市民への警察の最悪な対応」を例として考えてみましょう。

　なお私たちカウンセラーが，不法侵入の問題を扱うことは滅多にありません。しかし，暴れているウマの脳を安心させるという意味では，極めて近いものがあります。クライエントは困っているから来談しています。多くのクライエントが図4-3のように，ウマの脳が暴れている状態でおいでになります。クライエントの悩み事は必ずしも警察沙汰ではありませんが，ウマの脳が暴れている方に対して，まずは安心していただくという意味では役割が似ているのです。この点では私たちの存在感は，警察とも被るところがあります。では，然るべき対応を考えてみましょう。

(4) ウマの脳を不安にさせる対応，安心させる対応

　まず，あなたの自宅の監視カメラに，侵入しようとする不審者が映り，警報が鳴り響いているような場面を想像してください。あなたは脅威を感じて警察に電話をかけました。そこで次のように対応されたとしたら，どのように感じるでしょうか。

＊8　境界性パーソナリティ障害や依存性パーソナリティ障害などのように，狂おしく依存対象を求めることがクライエント自身の主体性や暮らしを脅かしてしまっているケースでは，この欲求そのものが「共闘して対応するべき脅威」である。しかし本人には，自身の欲求が自分を脅かしていることを，自覚できないことが多い（熟慮前のステージ）。力になる姿勢を示すと欲求を満たしてくれると誤解して，カウンセラーを依存対象にしてしまう場合もある。しかし，熟慮前の関係構築においては，この本当の脅威への共闘という形での関係構築は困難である。

① 「まだ侵入されていないんですよね。侵入されてから電話してください」
≒ 「まだ心配しなくていいですよ」

　この対応が最悪であることは言うまでもないでしょう。クライエントの心のシアターを無視する姿勢です。第3章で紹介した「注目と身近さ」や「感情の汲み取り」にも反しています。まだ最悪の事態ではないかもしれませんが，クライエントのウマの脳は最悪の事態を予期して警報を鳴らしているのです。無視されたウマの脳はますます暴走してしまうことでしょう。

　カウンセリングでありがちな失敗例としては，クライエントが心配している事柄についてカウンセラーが「大きな問題ではない」と"わかってしまっている"ようなときに，このように対応してしまう場合があります。仮にそう思ったとしても，関係構築のフェーズでは，「心配のしすぎじゃないでしょうか」「ほうっておいても大丈夫ですよ」「まだ問題にするタイミングではないでしょう」などのリアクションは良くありません。

　これらは現実検討フェーズ以降に取っておきましょう。関係構築フェーズでは，「それはご心配ですね。状況を詳しく教えてください」など，カウンセラーが心配事に注目することが，ウマの脳を落ち着かせる第一歩です。

② 「仮に侵入されたとして，それがどう問題なのですか」
≒ 「あなたが訴えていることは，何が問題なのでしょうか」

　このような対応も，現実検討フェーズでは必ずしも不適切ではありませんが，関係構築フェーズでは良くありません。監視カメラに不審者と思われる存在が映り，警報は鳴り響いているのです。クライエントのウマの脳がリスクを訴えて助けを求めているのですから，助ける姿勢がなければ関係がつくれるはずがありません。したがって，このような対応は①と同じく，クライエントの心のシアターを無視し，「注目と身近さ」や「感情の汲み取り」に反した対応です。

　関係構築フェーズでは，「いったい何が問題なのでしょうか」「問題だと決

めつけてはいませんか」「重たく考えすぎていませんか」「怯えるほどのことかどうか，まだわからないのではないでしょうか」などと，クライエントが見ている心のシアターに疑問を呈する態度はまだ控えましょう。「それは一大事です。怖いですよね。詳しく教えてください」など，クライエントが注目しているものに注目し，その感情を汲み取って承認する対応が必要です。

③「私たちの情報では本当に侵入する可能性は少ないです。お気になさらずに」
≒「私の知る限り，ご心配しているようなことはまず起こりません」

　仮に，クライエントのウマの脳が感じているリスクが間違いである可能性が高い，というエビデンスをカウンセラーが持っていたとしても，拙速に提供するのはちょっと待ちましょう。正しい情報でも，関係構築フェーズでクライエントの心のシアターを教えていただく必要がある場合には，不適切なリアクションになります。「感情の汲み取り」と「承認」に反した対応です。
　「カウンセラーの心のシアター」の中には，「大丈夫」だという確信や確かな情報があったとしても，関係構築フェーズで優先するべきはクライエントの心のシアターです。私たちの脳には，「損害回避バイアス」というものが存在します（杉山，2021）。「ほとんどリスクはない」という情報があっても，ウマの脳は「万が一」を心配するものなのです。このフェーズでは，信頼できるエビデンスがあったとしても，「万が一のリスクに怯えている」ウマの脳を尊重することが優先です。
　現実検討，問題解決フェーズであれば，カウンセラーの心のシアターに湧き上がる「役立ちそうな情報」を参考にするのは，間違いではありません。しかし，ウマの脳が落ち着かない状況では，可能な限りクライエントの心のシアターの理解を優先してください。

④「戸締まりはちゃんとしたのですか」「不審者を引き付けるようなことはしていませんか」

≒「あなたが原因を作ったのではないでしょうか」

　これはクライエントに，「あなたに問題があります」と言っているようなものです。クライエントを責めるような印象になる場合もあります。関係構築フェーズでは，このような対応を安易にとると，クライエントを批判しているかのような印象を与える場合があります。これは「承認」に反する態度になります。

　仮に，クライエントが「準備→実行」のステージに入り，カウンセリングが現実検討，問題解決フェーズに入ってからであれば，「○○はしていましたか」または「あなたが○○したというようなことはありませんか」などを考えることに，意味がある場合もあります。しかし，この場合でも，まずは「原因を明らかにしておいたほうが，今後が安心ですよね」など，原因を追求することが結果的にクライエントの願望を実現する力になる，というロードマップを共有しておく必要があります。そのうえで，責めている印象にならないように配慮しながら進めてください。くれぐれも，関係構築フェーズではこのような対応は慎重に考えましょう。

　⑤「不審者が侵入したら，あなたのほうで対応できそうですか」
　≒「万が一のことが起こったら，何ができそうでしょうか」

　これも，フェーズが違えば適切な対応になる可能性もありますが，「ひとりで何とかしろ」と言っているような印象を与えるので，アライアンスを築くという意味では不適切です。関係構築を放棄しているかのようです。多くのクライエントは手立てがなくて，あるいは手立てに自信が持てなくて相談に来ています。そのなかで「あなたは何ができそうですか」のような対応は，「注目と身近さ」「承認」「感情の汲み取り」のいずれにも反したものになりえます。

　仮に，クライエントが「熟慮」や「準備→実行」のステージに入り，現実検討または問題解決フェーズに進んでから，クライエント自身の行動資源を

確認する場面であれば，「クライエントに何ができるか，できないか」を検討することも重要です。しかし，「ひとりで何とかしろ」という印象を与えないように配慮しましょう。

⑥「お近くの方に助けを求められませんか」「周りの方にはもう相談していますか」
≒「周りの方にはもうご相談になっていますか」

これは①と並んで論外な対応です。クライエントは困っているからカウンセラーに相談しているのです。身近な方に相談して解決していれば来談していません。

仮に，現実検討や問題解決のフェーズで，関係者がどう思っているのか確認が必要な場合や，関係者の協力が必要な場合もあります。その場合は，「○○に相談してみる方もいますが，あなたの場合はどうでしょう」「○○とお話ししてみることは可能でしょうか」などと尋ねることが役立つこともあります。

しかし，このような場合であっても，「どのように相談するか」「どのように相談の機会をつくるか」など，一緒に考えなければならないことも少なくありません。いずれにしても，関係構築フェーズでこのような質問をすると，相談ニーズを無視している印象になってカウンセラーとしての信頼を損ねる可能性があるので，慎重になりましょう。

もちろん，警察がこのようなひどい対応をしているというわけではありません。しかし，ウマの脳が脅威を感じて警報を鳴らしている状況で，①～⑥のような対応をすると，クライエントを安心させてウマの脳を落ち着かせる「共闘する仲間」の存在感を，与えられません。私たちは気づかないうちに，関係構築フェースにはそぐわない対応をやってしまうことがあるので注意しましょう。

第5章 ●

カール・ロジャーズという壁
：「聴くこと」だけで展開はできる？

　ここまで，あまり語られてこなかった真実と心と脳の科学を通して，ロジャーズ（Rogers, C. R.）の方法論をさらに深く理解していただいてきました。実感を持ちながらくり返しお読みいただいて，あなたのカウンセリングに落とし込んでいただければ幸いです。

　ですが，「ロジャーズの方法論≒カウンセリングのすべて」ではありません。熟練レベルに至るには，ロジャーズの限界を超えることが必要なのです。そして，ロジャーズの限界を学ぶことで，逆にあなたのロジャーズの方法論の遂行能力，言い換えればカウンセリングにおける関係構築のスキルもレベルアップします。

　そこで本章では，ロジャーズの方法論が「どこまで通用するのか」「どこから通用しないのか」について解説します。まずは，たとえロジャーズの方法論をどれだけ美しいと崇めていても，面接中に特定の方法論を崇める姿勢を取ってはいけないことを，実感レベルで身につけていただきます。こうすることで，あなたはさらに熟練レベルに近づけることでしょう。

1. 「聴いてるだけ」ではカウンセリングにならないケース

　突然ですが想像してみてください。重い抑うつ状態に苦しむクライエントが深く沈み込み，涙を流しながら，「先生，私もうだめなんです。私どうしたらいいのでしょう」と訴えてきました。あなたなら，どのように対応しますか。

(1) 存在感を意識したカウンセリングと居心地の良い沈黙

　前章までで解説してきた方法論どおりに対応すると，次のようになるでしょう。まず，クライエントの心のシアターで展開されている苦悩に満ちた世界に注目し，同じように沈み込みながらも，〈ああ……，それは苦しいですね。あなたが途方に暮れるのはよくわかります。苦しいですね……〉と語りかける，などのような対応がありえます。筆者であれば，さらにクライエントと同じテンポで，情緒的なトーンを合わせながら対応するでしょう。

　その対応に対して，クライエントにはカウンセラーが実感を伴ってその苦悩を理解し，深く共感したことは伝わっているようです。「苦悩と共闘する仲間」という存在感を感じているようで，クライエントは深くうなずいて涙を拭います。多少ホッとしている様子も伝わってきました。

　そこから，しばらくはお互いに同じリズムで呼吸をし，自然と表情もシンクロし，お互いの存在感を確認し合うような温かな時間が流れました。居心地の良い沈黙，とでも表現できそうな空間です。

(2) 一時的に気が楽になっても

　やがて，クライエントが再び口を開きます。「先生，先生とこうしてお話ししているときは，気持ちが楽になります。でも，この時間が終わったらまた苦しくなるんです。私，なぜこんなにダメなのでしょう。これからどうしたらいいのでしょう」と表情が曇りだし，再び涙が流れ始めます。

　カウンセラーも同じように表情を曇らせ，クライエントの心の痛みを同じように感じている様子になります。そして，〈ご自分がダメだと感じる……。そして，また苦しくなる……〉などと，クライエントの言葉の要点をリフレインしました。クライエントはカウンセラーの言葉をうなずきながら聞いています。涙を拭いながら，再びホッとしている様子も伝わってきます。しかし，クライエントは再び「先生，私どうしたらいいのでしょう」と訴えてきます（図5-1）。

　この訴えに対してカウンセラーも，〈ああ……，それは苦しいですね〉など

図5-1 重いうつ状態のクライエントへの傾聴の繰り返しの一例

と再び同じリアクションをくり返しました。そして，その後はほとんど同じクライエントの訴えとカウンセラーのリアクションが，まるでラリーのようにくり返されて面接を終えました。

(3) 聴いてるだけではもっと悪くなる？

　さて，このカウンセリングはその後どうなると思いますか。クライエントは第3章で紹介したロジャーズの言葉のように，建設的に考え始め，どうしたら良いのか自分で見つけ出せるでしょうか。

　ほとんどの場合，第3章で紹介したロジャーズの想定のようにはなりません。重い抑うつ状態に苦しんで疲弊しているクライエントは，まず現実的に考えることも困難です。上記のようなくり返しが続くと，その中でますます絶望してしまうことでしょう。現在の筆者が担当者であれば，上記のような

カウンセリングはしません。具体的な対応はケース・バイ・ケースですが，せめて，〈ご一緒に全力で考えましょう。きっとどうしたらよいのか見つかります〉などと，勇気づけるような語りかけは行うでしょう。

　実は，ロジャーズの方法論のトレーニングに集中していた当時，筆者もこのようなカウンセリングをやりかけてしまいました。そして，クライエントがどんどん沈み込んでいくのを見て，面接の後半では「聴くだけ」の対応は止めました。その後は，方法論の幅を広げるために必死でさまざまなアプローチを学び，今日の心理療法統合の活動に至っています（杉山，2021）。

　ただ，筆者がスーパーヴィジョンを行った経験では，「聴いているだけでクライエントをますます沈み込ませる」カウンセリングを提供することが，意外と多いようです。そして，上記のような展開は，初級者の中断ケースの，一つのパターンとなっている印象もあります。

(4) ウィスコンシン・プロジェクト

　ロジャーズが主導したウィスコンシン・プロジェクト[*1]でも，似たようなカウンセリングが行われ，失敗しました。詳細な事業デザインは割愛しま

＊1　このプロジェクトは，ロジャーズがウィスコンシン大学医学部教授だった1960年前後に，米国政府から莫大な研究資金の助成を受けて実施され，失敗の許されないものだった。当時のロジャーズは，医師が指導的な業界風土と闘っており，成果を示すことが急務だったと思われる（金原，2013）。しかし，限界をよく考察せずにプロジェクトを進めたことで，失敗に終わった。

　プロジェクト直後のロジャーズについて，1962年に米国に留学していた村瀬孝雄（村瀬・村瀬，2004）によると，当時の米国カウンセリング界ではマイナーな扱いを受けていたとされる。コーエン（Cohen, 1997）によると，1963年にはプロジェクトの失敗の責もあって，ウィスコンシン大学を退職した。ロジャーズの方法論の限界はいささか残念な形で広く知られてしまったが，本章で後述するように，1940年代のカウンセリングの限界に挑戦し，後のカウンセリングに与えた影響は絶大なものと評価されている。

　なお，その後のロジャーズは，人間性心理学を名乗る人道活動（金原，2013），エンカウンター・グループなどの自己啓発，自己啓発書の出版などで成功し，カウンセリング以外の分野での活動も評価されている。晩年には「カウンセリングにおけるアライアンスの基盤」を創ったことへの貢献が評価されて，アメリカ心理学会から表彰され，ノーベル平和賞の候補にもなった。

すが，主に統合失調症の患者において，ロジャーズの方法論の治療効果を実証する目的のプロジェクトでした。

結果は散々で，患者に対しても，比較のために実施された健常者のカウンセリングにおいても，ロジャーズの方法論は期待したような効果がないことが示されました。要は，ロジャーズの方法論で良い展開が望める方と，望めない方がいるということです。

(5) ロジャーズの方法論で良い展開が望めないケース

実は，すでに1955年には，ロジャーズの弟子とされるウィリアム・カートナー（Kirtner, W.：1920-）が発表した研究（Kirtner & Cartwright, 1958）で，この方法論で成功する場合と失敗する場合が指摘されています。それによると，「感じられた不安の原因や解決を外に求める」タイプのクライエント，言い換えれば何でも人のせいにして内省への動機づけがないクライエントは，ロジャーズの方法論では治療効果が出ないとされています。

図5-2は，その一例のイメージです。自惚れが強く，周りが自分を理解せずに足を引っ張っていると主張するクライエントに対して，カウンセラーが了解と承認を提供しています。すると，クライエントの自己愛は満たされて，気持ち良くなっています。これはこれで，クライエントは心地良いでしょう。しかし，多くの場合，クライエントが自己高揚感に浸って気持ち良くなる以上の展開は望めないでしょう。

このように，図5-1のような重いうつ病，統合失調症，図5-2のように人のせいにしがちな方などでは，「聴いているだけ」で良いカウンセリングにならない場合があるのです。

第3章で解説したように，ロジャーズの方法論はウマの脳を安心させる効果があります。それなのに，カウンセリングとしては良い効果が得られないのはなぜなのでしょう。実は私たちが備えている脳は，ウマの脳だけではありません。したがって，ウマの脳を安心させるだけでは，良いカウンセリングにならない場合が多いのです。

第5章　カール・ロジャーズという壁:「聴くこと」だけで展開はできる？　　77

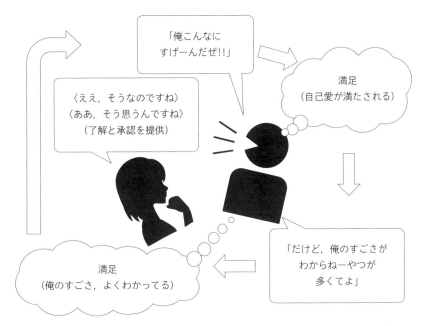

図5-2　解決を外に求め，何でも人のせいにするクライエントとのカウンセリング

　ロジャーズの方法論は，クライエントを安心させ，カウンセリングで最も重要な step 0 の関係構築フェーズ，ラ・ポール／アライアンスの構築では，絶大な効力を発揮します。しかし，カウンセリングはクライエントを安心させれば良いというものではないのです。では，良いカウンセリングはどうなるべきなのか，そして私たちは傾聴以外に何を行うべきなのか，次節から詳しく解説しましょう。

2. 「counseling」の本来の意味とロジャーズの活動の意味

　さて，前節では，ロジャーズの方法論の限界について解説しました。ロジャーズのいう「非指示的」かつ「来談者中心」のカウンセリングを徹底すると，図5-1のように，二人で途方に暮れて絶望するような展開になりえます。では，ロジャーズ本人も，彼自身が書いたとおりにカウンセリングを

行っていたのでしょうか。このことについて興味深い報告がありますので，以下に引用しましょう。

研修生が実際にロジャーズのカウンセリングに陪席したところ「非指示」どころか，ロジャーズ先生，クライアントに向かって話すこと話すこと，びっくり仰天したという話を聞いた。(村瀬・村瀬, 2004, p. 184)。

つまり，ウィスコンシン・プロジェクトで行われたことはさておき，ロジャーズ自身は共感的に佇む母性的なだけの存在，つまり「聴くだけ」にこだわってはいなかったということです。このことからも，傾聴を徹底するだけでは，質の低い無価値なカウンセリングになる可能性がおわかりいただけるでしょう。

では，カウンセリングとは，そしてロジャーズが強調した，非指示，来談者中心の真相は何なのでしょうか。次からはその答えを探りましょう。

(1) 本来は「助言・提案」

突然ですが，あなたは「counseling」の本来の意味をご存知でしょうか。元になった言葉は「counsel」です。この言葉の名詞としての意味は，「(専門家によるよく熟考された) 助言や提案，勧告，忠告」を表します。人物を指す場合は，弁護士や顧問，相談役など，助言や提案の実施者を指す場合もあるようです。動詞としての意味もあります。その場合は「(専門家としてよく考えて適切な) 助言・提案をする」という意味になります。

これらのことをふまえて，筆者は「counseling」を，「専門家として責任を持って適切な助言・提案をすること」と紹介することもあります。「counseling」の本来の意味の紹介としては，他にもさまざまにありえますが，いずれにしても「傾聴」を意味する言葉ではないのです。シンプルに表現すると，「助言・提案」とするのが適切なのです。

なお，カウンセリングの実務の実際としては，コメントやレクチャーのような助言・提案ではなく，「○○についてはどうでしょう？」など，質問の形

で行われることが多い印象です。カウンセラーがコメンテイターやレクチャーになってしまうとクライエントを困惑させますので，助言・提案の意味を広くご理解ください。

(2) 「適切」を決めるのは誰？

さて，ここまで解説してきたように，「≒傾聴」であるかのように誤解されがちな「counseling」ですが，本来の意味は「適切な（または，正しい）助言・提案をすること」だったのです。なぜ，このような誤解が生じたのかその歴史的な経緯はさておき，ここでは「適切な」ということについて考えてみましょう。

まず，「適切な」と決めるのは誰でしょうか。あなたは，「答えは『クライエント』で間違いない」と思われますか。「クライエント」だという答えは，今日的なカウンセリングの議論においては，私の感覚では概ね正解です（もちろん，例外もありますが）。

真相は本章，次章のテーマになりますが，ここではロジャーズの活動以前に主流だったカウンセリングでは，「適切」だと決めるのはほぼ専門家側，すなわちカウンセラー側だったという事実を覚えておいてください[2]。つまり，ロジャーズの活動以前の「counseling」は，カウンセラーが「彼自身の専門性」を拠り所に，「適切」と考える助言と提案を一方的に与える，カウンセラー中心のカウンセリングだったのです（Rogers, 1942）。今日，一般的にも普及している，「カウンセラーがクライエントに"寄り添う"」などの傾聴的で母性的なイメージが普及したのは，実はロジャーズの活動以降なのです。

(3) 「適切」を決めるのはクライエント：同化的統合

専門性を拠り所に，カウンセラーが考える「適切な」助言や提案を提供するカウンセリングは，クライエントがその助言や提案に共感できない場合もあります。そのような場合，その助言や提案は，クライエントにとっては「不適切な」ものとなります。

現在，特定の学派や方法論，専門性を拠り所にして「クライエントには不

適切」な支援をしてしまうことを，カウンセリングの国際学会などでは，理論的虐待（Theoretical Abuse：第1章参照）と呼んでいます。もちろん，私たちがやってはならないこととして議論されています。そして，これを予防する方法の一つとして「同化的統合（assimilative integration）」（Messer, 1992；杉山，2021）」が議論されています。

　この方法論は，自分の提供するカウンセリングが不適切である可能性に，常に心を開く姿勢から始まります。日本でも，日本心理療法統合学会を中心にこの姿勢が定着しつつありますが（たとえば杉山，2024），面接において提供するカウンセリングが適切かどうかを決める最も重要なポイントは，クラ

＊2　ロジャーズの活動以前のカウンセリングについて，ここで補足説明する。

　カウンセリング／心理療法を，非科学的なオカルトや宗教から切り離し，科学的で近代的な営みに方向づけたのはジーグムント・フロイト（Freud, S.）と考えられている。このフロイトの科学的な試みは，必要なことだったと評価されている。

　しかし，科学とは，対象に干渉せずに客観的に観察する姿勢が重視される。この姿勢が援用されすぎると，対象（クライエント）と観察者（カウンセラー）を分断する姿勢が強くなり（たとえば河合，1992），関係構築がおろそかになる。さらに，当時の精神分析のコミュニティは，医師が患者を診断し，医師の判断で適切な介入するという医学モデルが色濃く，治療者（カウンセラー）とクライエントの相互作用を認めない姿勢（Gill, 1994）が強かった。このような背景から，精神分析的なカウンセリングは，「解釈」を与えて洞察（現実検討）を促すという，相対的に専門家が主体性を発揮する指示的な方向に展開したとされている。

　なお，フロイト自身は「対話協力」という用語で，非指示的で受容的な対話の重要性も示唆していた（小此木，2002）。しかし，精神分析のコミュニティが，受容・共感的姿勢の効果を考察したシャーンドル・フェレンツィ（Ferenczi, S.：1873-1933）を後継者争いの中で追放したこともあって，フロイトの後継者を名乗る者たちは，ますます指示的で専門家中心の姿勢に傾いたとされている。

　また，1940年前後のアメリカのカウンセリングでは，ミネソタ大学のエドムンド・ウィリアムソン（Williamson, E. G.）に代表される，一種の特性因子論が主流であった。この方法論には「不適応は情報不足が原因」という病理論があり，当時の心理学的アセスメントの結果に基づいた助言・提案を提供する方法論だった。このアプローチもやはり，指示的で専門家中心に展開されていた（金原，2013）。

　ロジャーズは，これらのカウンセリングを批判するなかで，「非指示的」「来談者中心」を強調する活動を展開した。すなわち，ロージャーズは一種の“反面教師”たちのなかで，クライエントが必要とする対応を考察する土壌の中にいた。そして，彼の方法論は反面教師との違いを強調する形で，ある意味で“極端に”表現され，広く伝えられたと言える。

イエントの感じ方であるということです。そして，私たちの面接における
ミッションは，専門性を活用すること以上に，クライアントのリアクション
を参考に，常により適切なカウンセリングを考え続けることであるというこ
となのです。

(4) 本当の意味で来談者中心の必要性が浸透したのは1980年代以降

しかし，このような議論が国際的にメジャーになってきたのは1980年代以
降で，各学派の統合が議論されて以降です（杉山，2024）。そしてロジャーズ
が活躍した1940年前後は，逆に方法論や病理モデルを研ぎ澄ます方向性の議
論が目立つ時代だったようです。この時代には，専門家中心の一方的なカウ
ンセリングを不適切とする議論が乏しいので，もちろんトレーニングされる
こともほとんどなかったことでしょう。

そのなかで，これまでの方法論を批判して，足りなかったところを体系化
したロジャーズの功績は，称えられるべきでしょう。しかし，現代における
カウンセリングのプロフェッショナルとしての私たちに重要なことは，ロ
ジャーズの1950年前後の記述を崇めることではありません。もっと大事なこ
とをここからご紹介しましょう。

(5) ロジャーズ以前のカウンセリングは何が「不適切」なのか

私たちはプロフェッショナルとして，可能な限りスマートに「適切なカウ
ンセリング」を行わなくてはなりません。ここからはその手がかりとして，
変化のステージモデルについて考えてみましょう。

まず試みに，ロジャーズ以前の方法論（精神分析的方法論，特性因子論
〈本章の脚注＊2参照〉）がクライアントに「適切でない」と感じられてしま
う可能性について，変化のステージモデルを参考に考えましょう。

まず，精神分析的なカウンセリングは，当時は解釈などの現実検討を促す
方法論をとっていました。ということは，クライアントが「熟慮から変化の
準備」のステージにいることを想定していると言えるでしょう。また，特性
因子論的な方法論は，クライアントの情報不足がさまざまな問題の原因に

なっているという人間観を持っています。この人間観に基づいて心理学的なアセスメントを導入し，その結果から適切と考えられる情報提供を試みています。ここから，「変化の準備から実行」のステージにいるクライエントを想定していると言えるでしょう。

　いずれにしても，すでに問題を自覚し，改善に動機づけられているステージを想定しています。そのため，特に熟慮前のステージにいるクライエントには，不適切なものになりやすかったと考えられます。

(6)　常にクライエントのステージを考慮しながら臨む

　では，ロジャーズの方法論はどうでしょう。「熟慮前から熟慮へ」のステージを想定し，そのステージに対応した関係構築のフェーズを方法論としていると言えます。

　このようにカウンセリングにおける各方法論や技法は，それぞれに（暗黙のうちに？）想定しているクライエントのステージがあったのです（表5-1）。ロジャーズが行ったそれ以前のカウンセリングへの批判は，今日的にいえば熟慮前または熟慮のステージにいるクライエントに，「熟慮から準備へ」というステージを想定した対応をしていたという批判なのです。

表5-1　各方法論が想定しているクライエントの変化のステージ

階層	カウンセリングのフェーズ	変化のステージとの対応		
step 2 ↓	問題解決 （何かを変える試み）	変化の準備→実行	精神分析的方法論	特性因子論
↑ step 1 ↓	現実検討→現実受容	熟慮（自覚）を深める		ロジャーズの方法論
↑ step 0	関係構築	熟慮前（無自覚）から 熟慮（自覚）へ		

第5章　カール・ロジャーズという壁：「聴くこと」だけで展開はできる？　　*83*

　ここまでで，ロジャーズの方法論が適切なクライエントの変化のステージ，それ以降の方法論などが適切なクライエントの変化のステージがあることが，おわかりいただけたと思います。次節からは具体的な事例などを通して，熟練したカウンセリングの実施における，その実際問題を考えてみましょう。

3. ロジャーズの方法論で効果があるクライエント，ないクライエント

　第1節では，非指示的でクライエント中心的に聴いていればよいわけではないこと，第2節では，指示的で専門家中心的に助言や提案をすればよいわけでもないことを解説しました。どちらもその方法論にこだわると，クライエントの変化のステージに合わない不適切なものになるので，カウンセリングとしては間違いであることもご理解いただけたと思います。

　ここからは，いよいよ熟練レベルのカウンセリングで本当に大切な本質に，迫っていきましょう。本節では，傾聴と助言・提案の接続の在り方をご理解いただくために，ロジャーズの方法論が効果的でないいくつかの例を通して，私たちが何をなすべきか解説します。

(1) カートナー論文再考

　ウィリアム・カートナーが1955年に執筆した論文の概要は，前記のとおり「解決を外に求めるタイプにはロジャーズの方法論は無効」というものでした。ここでは，この指摘をより平易かつ，より具体的に言い換えてみましょう。すると，次のように言えるでしょう。

　　「何でも他者のせいにしたい人」に対して傾聴していても，「自分は被害者」というその人独自のファンタジックな心のシアターを語る。「自分以外の誰かが，自分の問題に対して責任を取るべき」という姿勢なので，現実的な自己理解や現実検討が難しい。したがって，傾聴している

表 5-2 ロジャーズの方法論とステージを進まないクライエント

だけでは何も変わらない。

このことを，変化のステージモデルでさらに言い換えると，「『熟慮前』から『熟慮』へとステージが進まない」と表せるでしょう（表5-2）。さらに他の表現をすれば，傾聴しているだけでは自発的に現実検討をする可能性がないので，カウンセラーが現実検討をサポートする方法論が必要になる，と表現できるでしょう。この方法論については第6章以降で解説しましょう。

(2) 統合失調症の場合：熟慮に進めるテーマ，進めないテーマ

ここで，ウィスコンシン・プロジェクトで失敗した，統合失調症の患者の場合を考えてみましょう。統合失調症の多くは認知障害が伴い，またファントム空間（安永，1992）とも表現される，リスクに満ちた世界を体感していることが多いです。そのため，そもそも現実検討を行うためのリソースが不足していることが多いです。そのなかで，自発的に自己理解を深める余力を期待するのは難しいでしょう。

① 行政手続きに「行けない」患者

筆者が経験した事例をご紹介します。1990年代の事例ですが，ある統合失調症の患者さんが，「この世界は不安定でいつ崩壊するかわからない。私が念じることで，崩壊から護っている。これが私の仕事なのです」と信じてい

ました。その患者さんにある専門（非心理）スタッフが，障害者年金継続受給の申請手続きが必要という話をしました。しかしその患者さんは，「仕事が忙しく，障害者年金の行政手続きができない」と訴えました。

スタッフは当時の主流だった考え方に沿って，「"妄想"より行政手続き優先」「この世界はあなたが念じなくても大丈夫」「"念じる"ことは現代社会では仕事とはみなされない」ことなどを懸命に説明しましたが，まったく受け入れません。その専門スタッフは困り果ててしまいました。さて，あなたならこのような患者にどのように対応しますか。

② 対応の一例

ひとつはっきりしていることは，この状況で説明を重ねても，傾聴を重ねても，行政手続きが進まずにタイムリミットを迎えてしまいます。この患者を取り巻く状況は，どんどん「悪く」なることでしょう。では，どうしたら良いのでしょうか。

この事例の場合，患者さんの世界観やご自身の存在意義に関する心のシアターを，現実的に修正するのは困難でした。しかし，相対的に「仕事観」は柔軟でした。そこで，この方の妄想には触れずに，「仕事」について現実検討を目指した対話を行いました。その結果，「仕事とは，休みも含めて仕事である」ことをご理解いただけました。そして，「休み中」に行政手続きをしていただくことができました。

統合失調症そのものは改善していないかもしれません。しかし，仕事観というテーマにおいては，クライエントは変化のステージを熟慮前から熟慮に進むことができました。カウンセラーとしての step も，現実検討フェーズに進めることができました。少なくとも行政手続きについての問題は軽減・解決したと言えるでしょう。

③ 専門スタッフの対応はロジャーズ以前の方法論では正解

この患者さんへの対応について，専門スタッフが行った対応は，基本姿勢としてはロジャーズ以前のカウンセリングでは正しい対応でした。どこが正

表5-3　患者への対応と変化のステージ

階層	カウンセリングのフェーズ	変化のステージとの対応
step 2 ↓	問題解決 （何かを変える試み）	変化の準備→実行
↑ step 1 ↓	現実検討→現実受容	熟慮（自覚）を深める
↑ step 0	関係構築	熟慮前（無自覚）から 熟慮（自覚）へ

スタッフが試みた対応
・妄想より手続き。
・念じなくていい。
・仕事ではない。
指示に共感して…

筆者が試みた対応
お話しましょう…
・休憩は？
・仕事はいかが？

しかったかというと，まず，クライエントの心のシアターに共感的になるのではなく，「専門家としての正しい情報（たとえば，妄想より手続き優先，この世界は患者さんが念じなくても大丈夫，など）」をお伝えして，その情報を受け入れてもらおうとしています。専門家として，専門家中心的な指示的な助言や提案を試みているのです。

　仮に，患者さんがこの指示に共感し，受容すれば，専門スタッフが考える問題解決（手続き未完了から完了へ）についての理解を深めていただき（熟慮，準備：step 1の現実検討フェーズ），具体的なアクション（準備→実行：step 2の問題解決フェーズ）に誘導できたでしょう。

　このように，この専門スタッフの対応は，ロジャーズ以前の指示的で専門家中心のカウンセリングとしては正解の対応でした。実はロジャーズが批判したそれ以前の方法論は，すべての場合で無効なものではありませんでした。クライエントが専門家としての助言や提案を受け入れて共感し，カウンセラーをクライエントが受け入れる場合は，変化のステージが進展し，効果的で意味のあるカウンセリングになるのです。

④ なぜ，患者は変化のステージを進めなかったのか

しかし，この患者さんは，専門スタッフの狙いどおりに変化のステージを進めませんでした。その最大の理由は，患者さんにとってこの妄想は，"現実"に他ならないのです。この患者さんなりに，「崩壊しそうな世界」という"現実"を検討した結果として，「念じる」という問題解決を自分自身の存在意義として見つけているのです。

言い換えれば，統合失調症の患者さんにとっては「完結している物語」であり，解決できていて問題を感じていない"現実"なのです。したがって，"現実"を見直そうという願望（動機づけ）はありません。

⑤ クライエントが熟慮に進める問題設定の重要性

この患者さんに限りませんが，願望（動機づけ）がないことをやっていただくのは，至難の業です。ご本人にとっても，周りの支援者にとっても，困難で苦しいだけなのです。そこで筆者は，患者さんにとって変えがたい"現実"には触れずに，まだ対話の余地がある事柄について話し合う方針を取りました。

このような方針は，間接的にでも妄想を肯定してしまう可能性があるので，慎重に行う必要があります。患者さんの妄想には可能な限り触れずに，「仕事における休み」について話し合っただけですが，「仕事」を話題にするだけで，妄想を肯定されたと患者さんが感じる可能性は否定できません。しかし，妄想を巡って対話する専門スタッフの試みが不調に終わってしまったので，やむを得ない対応としてこの方法になりました。

カウンセリングにおいて重要なことは，クライエントが熟慮に進める問題設定を心がけることなのです。あなたのカウンセリングでも，クライエントに熟慮可能な問題設定で変化のステージを進んでいただき，私たちも次のstepへと進む展開を大事にしていただけると幸いです。

(3) ロジャーズの輸入黎明期のエピソード

ここでまた別の，インパクトのある事例をご紹介します。日本におけるロジャーズの方法論輸入の黎明期，指導的な役割を担っていた方のところに，子どもの問題行動に悩む母親が相談においでになりました。その方は，ロジャーズの方法論を徹底した形で対応をなさいました。その母親は丁寧に話を聞いてもらってとても喜びました。

①クライエントの熟慮への対応：クライエントの変化のステージに
合わせること

やがて「子どもに知能検査とか，何か検査を受けさせたほうが良いのでしょうか」などと，その方に尋ねました。その方は，〈お母様は知能検査に興味があるのですね〉〈知能検査をどう思われますか〉〈お子様の役に立ちそうでしょうか〉のように，母親が知能検査をどう捉えているかを話題にしていきました。

ロジャーズのカウンセリング観の一つ，「答えはクライエントの中にある，クライエントが知っている」を崇めて，母親の中にある答えを引き出す試みを徹底したのです。しかし，最後には母親はお怒りになって，「相談に来るところを間違えました」と帰ってしまいました。いったい何が悪くてお怒りになったのでしょうか。

② クライエントの変化のステージ

ここで，この母親の変化のステージを考えてみましょう。母親は「知能検査」について相談しています。そして，その言葉からは，子どもに何をしてあげるべきなのか一緒に考えてほしいと，訴えていることがうかがえます。専門家としての情報提供も求めている印象もあります。

ここから，変化のステージにおける熟慮から準備へ進もうとしていたことがわかります。クライエントがこのステージに来たのであれば，カウンセラーとしては step 1 の現実検討や，step 2 の問題解決のフェーズに進まな

第5章　カール・ロジャーズという壁：「聴くこと」だけで展開はできる？　　*89*

表5-4　ステージとカウンセラーの step のズレ

階層	カウンセリングのフェーズ	変化のステージとの対応
step 2 ↓	問題解決 （何かを変える試み）	変化の準備→実行
↑ step 1 ↓	現実検討→現実受容	熟慮（自覚）を深める
↑ step 0	関係構築	熟慮前（無自覚）から 熟慮（自覚）へ

母親：子どもに知能検査を…

何とかしたい…
手立てが知りたい。
情報がほしい。

カウンセラー：答えはこの人が…

・あなたはどう思う？

ければなりません。

　この事例で考えると，母親は考える力がありました。しかし，必要な情報がありませんでした。カウンセラーが知能検査について情報を持っていれば提供すれば良いですし，仮にそこまで詳しくなかったとしても，一緒に調べて一緒に考える，あるいは知能検査についての調べ方をご一緒に探したりすることもできたかもしれません。少なくとも，現在ならこのカウンセラーも，このように対応することでしょう。

③ クライエントのステージに私たちの step も合わせる

　子どもの問題行動の解決，または軽減を望んで来談しているのですから，熟慮から準備のステージに進むのは必然の展開です。しかし，ロジャーズの方法論を崇めてしまうと，準備や実行のサポートとして「何かを教える（情報提供する）対応」は，「罰が当たる」かのような気持ちになってしまうことでしょう。

　ですが，私たちが崇めるべきはクライエントの願望です。たとえロジャーズのそれであったとしても，特定の方法論を崇めてカウンセリングを行うべ

きではないと，ご理解いただけたら幸いです。このエピソードは，私たちが同じ失敗をしないための貴重な教訓です。クライエントのステージが進んだときには，それに対応したstepに私たちも進まなければならないのです。

4. ロジャーズの方法論が想定するクライエント

本章では，クライエントが変化のステージのどこにいるかに応じて，私たちに必要な対応について解説してきました。本章の最後に，ロジャーズの方法論がどのようなクライエントを想定していたのかを解説しましょう。

(1) 自発的にステージを進めるクライエント

表5-5は，そのイメージを表したものです。ご覧のようにカウンセラーが行うことは，ほぼstep 0のみです。クライエントが現実検討に進めばもち

表5-5　自発的に変化のステージを進むクライエント（下から上に進む）

階層	カウンセリングのフェーズ	変化のステージとの対応
step 2 ↓	問題解決 (何かを変える試み)	変化の準備→実行
↑ step 1 ↓	現実検討→現実受容	熟慮（自覚）を深める
↑ step 0	関係構築	熟慮前（無自覚）から熟慮（自覚）へ

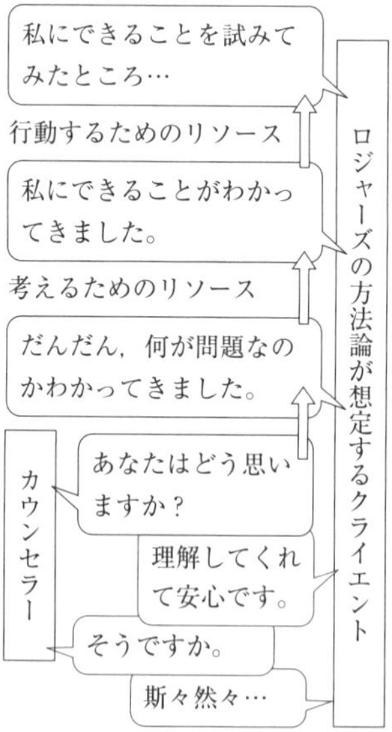

私にできることを試みてみたところ…
行動するためのリソース
私にできることがわかってきました。
考えるためのリソース
だんだん，何が問題なのかわかってきました。
カウンセラー
あなたはどう思いますか？
理解してくれて安心です。
そうですか。
斯々然々…
ロジャーズの方法論が想定するクライエント

注：クライエントがステージを動き，カウンセラーはフェーズをほとんど変えない。

ろんそのサポートをしますが，基本的には考えやすい空間の提供のみです。

　クライエントはカウンセラーから安心感をもらうだけで現実検討が進み，現実を受け止めます。そして，クライエントは考えるリソース（情報，思考力，変化や改善への動機づけ，参照可能なロールモデルなど）と，行動するリソース（行動力，最低限の経済的水準，周囲のサポート，ライフイベントの展開，関係者の状況など）に恵まれています。そのなかで何ができるのかを見つけ，実際に行動を試みて，さらに現実検討を行い，より良い方向に自発的に変化して，という建設的な展開が想定されています。

　このステージを進むペースはクライエントそれぞれで，早い人もいればゆっくり進む人もいます。現実をなかなか受け止められずに，足踏みするようなこともあるかもしれません。また，現実の残酷な側面，切ない側面に気づいて，涙を流すようなこともあるかもしれません。しかし，基本的にはカウンセラーが温かく見守り続けることで，クライエントが勇気づけられ，変化のステージを建設的に進んでいける展開が想定されています。

　このようなクライエントがどれだけいるのかわかりませんが，そのような人であれば，ロジャーズが記述した方法論で本当に良い展開がありうるでしょう。このような事例で私たちが行うべきことは，クライエントの変化のステージの進展に合わせて各フェーズに移行していることを，モニタリングするだけで十分です。アクションとしては特別な技法も方法も必要なく，傾聴的な姿勢を維持することで十分です。

　本章では，ロジャーズの方法論に疑問を感じさせるような事柄を解説しましたが，時にはこのような展開になることを信じてみることが，有効な場合もあります。どのような方法論も乱用は良くありません。クライエントの変化のステージの進み方をアセスメントしながら，どの方法論の適用が良さそうか，考えてみるのが良いでしょう。

(2) 共通要因アプローチと四つの効果要因

　ところで，1980年代以降，心理療法／カウンセリングの効果要因を考察するプロジェクトがいくつか行われました。その一つに，共通要因アプローチ

(Lambert, 1992) という試みがあります。

　前記のようにロジャーズの方法論では，クライエントは考えるリソース，行動するリソースに恵まれていることが想定されています。これらのリソースは，共通要因アプローチでは「治療外要因」[*3]と呼ばれています。

　このアプローチでは，この治療外要因を最大の効果要因と考え，効果全体の40％を占めるとしています。そして，ロジャーズの方法論をはじめとした関係構築は「関係要因（共通要因）」[*4]と呼ばれていますが，効果の30％を占めると考えられています。残りの30％については，「プラシーボ要因（期待要因）」[*5]が15％，「技法要因」[*6]が15％と想定されています（図5-3）。この数字は実証的なエビデンスではなく，実務家の印象にすぎませんが[*7]，ここで

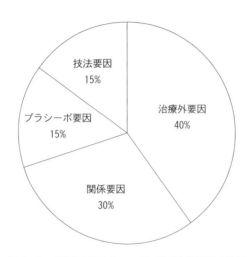

図5-3　共通要因アプローチにおける各要因の効果

---

*3　カウンセラーが直接関与することの難しい要因のこと。
*4　あらゆる方法論の背景にある要因のこと。
*5　クライエントがカウンセリングで良い変化があると希望を持つこと。
*6　適切な技法が提供されていること。
*7　なお，この数値は科学的なエビデンスには基づかないので（eg. 丹野，2020），カウンセリング実務のイメージをより鮮明にするための参考程度に理解しておいてほしい。

は暫定的にこの数字を参考に考えてみましょう。

　共通要因アプローチによると，治療外要因に恵まれているクライエントであれば，関係構築がうまいカウンセラーが心理的に支えるだけで，7割方は効果要因が満たされることになります。これだけで，ある程度の望ましい展開は起こりうることでしょう。しかし，本章で紹介したように，リソースに恵まれていないクライエントの場合はこうはいきません。関係構築が完璧であったとしても，効果要因は3割しか満たされません。

　その場合に私たちは，良い変化への期待を持っていただいて，プラシーボ要因が機能するように努め，リソースの不足を補うためにクライエントにマッチする技法，あるいはクライエントのリソース開拓につながる技法を探って技法要因が機能するように努め，せめて効果要因の6割は満たされることを目指さなければなりません。

　では，どのようにすれば良いのでしょうか。次章からはロジャーズの方法論では自発的に変化のステージを進めないクライエントを支えるために，プラシーボ要因，技法要因を考慮したカウンセリングについて解説しましょう。

第6章 ●

人間観の進化という壁
：脳科学の進歩とカウンセリングの技法の進化

　本章では，カウンセリングに欠かせない「人間観」について扱います。カウンセリングの本質を理解するためには，可能な限り人の本質を知る必要があります。熟練レベルのカウンセラーを目指すあなたも，まずは人に興味を持ち，人に対する正しい理解を追求してください。

1. カウンセリングの大家とされる先人の人間観と本書の「人間観」

　フロイト（Freud, S.），ユング（Jung, C. G.），ロジャーズ（Rogers, C. R.）などの大家とされる先人たちも，人に対する理解をサポートするために，それぞれの着眼点でそれぞれが人の本質と考えた人間観を，「理論」として語り遺してきました。そして，現代のカウンセリングの解説書のほとんどは，これらの有名な先人の「理論」でカウンセリングを解説します。もちろん，本書でも彼らの人間観を参考にしています。

　ですが，本書では大家の人間観だけでなく最も科学的に確実な人間観，すなわち現代の心理学や神経科学（いわゆる脳科学）が明らかにしてきた「心の成り立ちと機能」も参照しています。その理由は，現在はカウンセリングの大家とされる方々が活躍した時代から考えると，心と脳の科学が飛躍的に進歩しているからです。

　実はフロイトも，本書が参照している心と脳の成り立ちを体系化しようと，『心理学大綱』なる書籍の執筆を試みたと言われています。当時の科学の限界からそれをあきらめたとされていますが，もしもフロイトの時代の心と

脳の科学が現代の水準にあったら，フロイトも本書のようなを内容を書いた
かもしれません。

　現代に生きる私たちは，フロイトの時代ではできなかったことを行えま
す。そこで本書では，より科学的に確実で，信頼できる人間観で，あなたを
熟練レベルのカウンセラーに，言葉を換えれば名人級のカウンセラーに導こ
うと試みています。心の成り立ちと機能について興味を持っていただき，あ
なたのカウンセリングスキルが大きく向上されれば幸いです。

2. 心と脳の進化，カウンセリングの進化

　ここで少し，心と脳の進化とカウンセリングの進化を，振り返っておきた
いと思います。まず，一つの科学的な事実として，私たちの中では何万年も
何億年も前の時代を生き抜いたご先祖の心と脳が，今でも息づいています。

　第4章では，リスクに敏感で安心感を求めるウマの脳（大脳辺縁系：原始
哺乳類時代のご先祖の心）について解説しました。そして，ロジャーズが記
述した方法論が，ウマの脳にかなり強力に作用し，心の痛みを軽減する効果
が期待できることを紹介しました。クライエントの多くは，困っているから
おいでになります。何らかの心の痛みを感じています。そのなかでこの方法
論はクライエントの心の痛みを軽減するので，私たちの絶対的な基盤の一つ
であることは，もはや言うまでもないでしょう。

　しかし，ロジャーズの方法論だけでは限界があることは，第5章で解説し
たとおりです。私たちの中で息づいているのは，恐竜時代を生き抜いたご先
祖の心と脳だけではありません。私たちのご先祖は，その後はもっと複雑で
困難な環境を生き抜きました。その結果，私たち現代人も，複雑な心と脳を
備えるようになりました。そして，カウンセリングもこの複雑な心に対応で
きるように，フロイト以降，多様な進化をしています。

　第3章で紹介したように，1940年代当時のフロイトの後継者らの限界を，
ロジャーズが超えました。そして，私たちはさらにその限界を超えましょ
う。ここからは，クライエントが変化のステージを進めるように，私たちが

行うべき支援について解説します。

　本章では変化のステージを進むとき，つまり，私たちが現実検討をサポートすることでクライエントの熟慮を深め，問題の解決や軽減に向けて変化への準備を支え，具体的なアクションを起こすとき，どの脳がどのように機能するのか，その機能を阻害するものは何かについて解説していきます。

3. 重い抑うつ状態の方の脳内は？

　本節では，まずは前章のことになりますが，図5-1で紹介した「私もうダメなんです。どうしたらいいのでしょう」をくり返し訴える状況を例として，このクライエントの心や脳の中で何が起こっているのか，そして私たちはどう対応したらよいのか考えてみましょう。

(1) カウンセリングの目標の一つは効果要因を可能な限り満たすこと

　図5-1の重い抑うつ状態のクライエントは，カウンセラーが苦しさをよく理解・承認し，温かく共感してくれていることは実感しています。第4章でいうウマの脳は安心しているようで，二人の間には居心地の良い沈黙が流れる時間もあります。しかし，この方は「（この時間が終わると）また苦しくなる……」と訴え，「どうしたらいいのでしょう」とカウンセラーに助けを求めています。

　ロジャーズの方法論では，ウマの脳が安心することで自発的に変化のステージを進めるクライエントが想定されていますが，この方はこの想定どおりには進まないことが明らかです。自発的に変化のステージを進むには，共通要因アプローチで治療外要因と呼ぶ各種のリソースが必要です。治療外要因は効果要因の40％を占めるとされますが，この方はこの部分が空っぽなのです。

　第5章までで解説したロジャーズの方法論を完璧に遂行できたら，これで効果要因の30％は満たせます。しかし，わずか30％では，変化のステージは進まないのです。具体的な議論はされていないので筆者の印象になります

が，少なくとも50％を超えないと先に進めないようです。

そこで，まずは残りの30％を担うプラシーボ要因と技法要因を，マックスまで機能させることを目指しましょう。成功すれば，共通要因アプローチが想定する効果要因の，60％は満たすことができます。そのために，どのような方法をとれば効果的なのか。まずは心と脳の仕組みから考えてみましょう。

(2) 私たちはなぜ迷うのか

ここではプラシーボ要因と関係構築について解説しましょう。カウンセリングの本の多くでは，ロジャーズの方法論が関係構築のスキルのように紹介されています。ただ，ラ・ポール／アライアンスという観点でいうと，このような理解は間違いです。その理由を説明するために，少々，心と脳の進化を振り返りましょう。

現在の私たち人間は，「一人に一つの意志」という生き物ではありません。私たちのご先祖はおそらくチンパンジーとの共通祖先からの分岐以降，段階的に生存を脅かすリスクに満ちたサバンナ*1で生きることを，強いられたと考えられています（人類進化のサバンナ仮説）。

サバンナでは水たまりはすぐに蒸発し，食料も乏しく，危険な生き物もたくさんいます。どこに向かえば生き残れるのか，常に考えて行動していなければなりません。サバンナでは進むべき方向を間違えると，死のリスクが驚くほど高まる環境です。そのなかで，私たちは常に複数の行動の選択肢（意志）を検討し，生存への最適解を選べるように進化しました。

こうして，私たちは「複数の意志」を持つようになりました。複数の意志を状況に合わせて使い分けられるから，ご先祖が生き残り，今の私たちに至っているのです。これはこれで素晴らしいことです。しかし，複数の意志が競合するなかで，私たちはときに「どこに向かって，どう行動すれば良いのか」を見失い，迷い，悩み，苦しむこともあります。こうして私たちは迷

＊1　熱帯の木の育ちにくい，乾燥した大地を指す。

う生き物（杉山，2023）としてのヒトとなったのです。

　なお，カウンセリングの歴史においては，その初期からフロイト，ユング，アドラー（Adler, A.）などが，迷う生き物としての人について興味深い考察を遺しています（杉山，2023）。あなたのカウンセリングの参考になりますので，機会があればぜひ触れてみてください。

(3) ラ・ポール／アライアンスと関係構築，プラシーボ

　このように，私たちヒトは「じっとしていると死ぬかもしれない環境」を生き抜くために，「自分がどこに向かえば良いのか，何をすれば良いのか」を見失うと，リスクを感じるようになりました。言い換えれば，期待が持てる展望を見失うと困惑し，心の痛みを感じる生き物なのです（たとえば大橋，2007）。

　ラ・ポール／アライアンスの形成は，関係構築の「仕上げ」とも言えるものですが，これは言い換えれば，「この先のより良い展望」を共有するようなものです。もちろん，一言で展望といっても，長期的な大きな展望もあれば，「今，この場で何をするか」といった小さな展望，さまざまな展望があります。しかし，いずれにしても何かの展望を共有して，その展望に向けた協働作業のパートナーとして認識していただくことが，ラ・ポール／アライアンスの形成であり，関係構築なのです。

　ここで再び，サバンナを生き抜いたご先祖を例に考えてみましょう。一人ぼっちで危険に満ちたサバンナを生き抜くのは心細いです。一緒に生き抜く仲間が欲しいものです。仲間がいないと，ウマの脳は仲間を求めて心の痛みを発信します。そこで，仲間の存在でまずはウマの脳が「一安心」となるのです。

　仲間がいるとこれはこれで安心できますが，前記のようにサバンナではずっと一箇所に佇んでいると，命を落とすリスクが高まります。生き残れるという期待につながる展望，すなわちプラシーボも必要です。私たちは共感してくれる仲間だけでなく，同じ展望を共有できて，協働できる仲間も必要なのです。

第6章　人間観の進化という壁：脳科学の進歩とカウンセリングの技法の進化　*99*

（4）　関係構築はできているのだろうか

　プラシーボの共有について，自力でそれなりに現実的なプラシーボが豊富な展望を描ける方は，描いた展望を確認したり，デティールを詰める仲間，あるいは自分の展望についてきてくれる仲間が必要です。つまり，傾聴に徹して「寄り添う」かのような仲間がいれば良い，ということになります。このような方なら，ロジャーズの方法論で関係構築の大部分は達成でき，変化のステージも進むことでしょう。

　しかし，自分で実現可能なプラシーボを描けない場合はどうでしょう。共有するべき展望がご自身の中にないので，私たちが「寄り添う」べき展望がないのです。「寄り添う」かのような傾聴の姿勢では，本当の意味でのラ・ポール／アライアンスは形成できません。つまり，関係構築ができないのです。

　図5-1のカウンセリングは，まさにこのような状況です。プラシーボを感じるような展望がないので，当然ながらラ・ポール／アライアンスは形成できません。つまり，図5-1のようなカウンセリングではウマの脳は安心するかもしれませんが，ヒトになってから進化した脳がプラシーボを感じられないため，途方に暮れるのです（図6-1）。

　近年のカウンセリング／心理療法や精神医学でも，プラシーボが強力な効果要因であるという研究成果が報告されてきています（たとえばColloca et al., 2023；Enck & Zipfel, 2019）[2]。これらの研究によると，プラシーボは共通要因アプローチが考察した以上に，インパクトがある効果要因であることが示されています。

　さて，このクライエントが変化のステージを進めない理由，もうおわかりいただけたことでしょう。カウンセラーとクライエントの間に，本当の意味

＊2　プラシーボは，従来の医学的な治療効果の研究のほとんどで，「余剰変数」のように扱われてきたため，科学的な定義は研究者によって幅があり，このことが議論の対象ともなっている。しかし，いずれにしても，クライエントがこの先の自分と自分を取り巻く拡張物の展望について，希望や期待を持てる展開を見出し喜んで支援に参加することが，効果の大きな要因となっていることは，ほぼ確実な知見と考えられている。

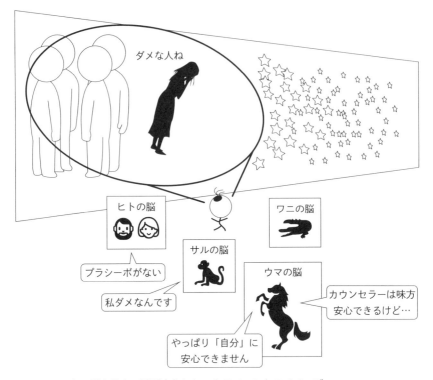

図6-1 ヒトの脳とサルの脳が安心しないクライエントのイメージ

でのラ・ポール／アライアンスが成立せず，同じプラシーボを共有できる関係が構築されていないので，変化のステージを進めないのです。

(5) ヒトは展望の動物である

　展望（プラシーボ）はどうしてここまで重要なのでしょうか。心と脳の科学から解説しましょう。現在の心と脳の研究者に「人間と他の動物の最大の違いは何でしょう」と質問したら，そのほとんどが「展望力」と答えることでしょう（柳澤，2019）。ヒトは展望力に優れた，展望の動物なのです。

　ヒトになってから進化した脳は，主に外側前頭前野（LPFC）と呼ばれる脳の外側の部分（図6-2）ですが，展望を計画性に落とし込む機能を担う部

第6章　人間観の進化という壁：脳科学の進歩とカウンセリングの技法の進化　　101

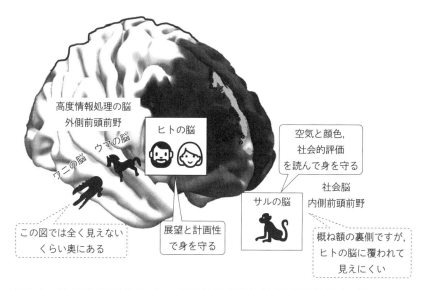

図6-2　概ね黒い領域がヒトの脳，その内側からのぞく灰色の領域がサルの脳

分（背外側前頭前野：dLPFC など）があることも知られています。サバンナという困難な環境を生き抜いた私たちのご先祖は，これらの「ヒトの脳」の活動で身を守ってきたことでしょう。ヒトの脳とは「展望と計画性の脳」とも言えるのです。

　ヒトに限りませんが，ほとんどの動物は持って生まれた能力を活かせないと，調子を崩します。たとえば，犬はモータースキルと愛着に優れた動物ですが，飼い主との愛着関係に包まれながらドッグランなどで走り回っている姿は，清々しいくらいに活き活きとしています。逆に，愛されることもなく閉じ込められている犬は，病気になりやすく，早死します。このように，動物は持って生まれた能力を存分に発揮することを必要とするのです。

　展望力に優れたヒトも同様です。心理学では「時間的展望」（レビューとして都筑，1982）がないことの心理学的な悪影響も，そして固定化されすぎてしまうことの悪影響なども，示唆されています[*3]。展望を失うことも，考え直せなくなることも，ヒトにとっては苦しいことなのです。

また，ヒトの脳，特に計画性の部分が機能すると，ウマの脳の心の痛みを生成する活動を抑制することも知られています。逆に言えば，展望や計画性がないとき，リスクに敏感なウマの脳をコントロールする脳内システムが作用しないのです。

　こうなると，図6-1のようにカウンセラーの存在感でウマの脳の活動を緩和して，一時的に心の痛みを軽減したとしても，「この先へのプラシーボがない」というリスクをヒトの脳が感知し，ウマの脳が再び心の痛みを発信するようになるのです。「ヒトは展望を生きる，展望の動物でもある」という人の本質の一つを，カウンセラーとして忘れないように心がけましょう。

(6) プラシーボと「癒しの儀式」

　ヒトの脳はプラシーボを必要としています。そして，カウンセリングでもプラシーボが必要です。では，プラシーボを見失っているクライエントに，私たちはどのように対応すればよいのでしょうか。このことについて共通要因アプローチを考察したランパード（Lamperd, 1992）は，この先の可能性に目を向けること，そして「癒しの儀式」（Miller et al., 1997）を挙げています。

　この先の可能性に目を向けることについては，ここまでの解説を通して，クライエントのヒトの脳へのアプローチであることがおわかりいただけると思います。認知行動療法，対人関係療法，ソリューション・フォーカスト・アプローチ，いわゆるキャリア形成支援の心理学的方法論など，さまざまな技法が提案され，活用されています。一方で，癒しの儀式は多義的で，少々わかりにくい印象があるのではないでしょうか。実際，筆者にも，ランパード（Lamperd, 1992）やミラーら（Miller et al., 1997）の考察も，多義的な印

＊3　うつ病の研究や考察の文脈では，「ポストフェストウム（祭りの後）的時間制」（木村，1982；杉山ら，2015）という病理の存在が示唆されている。この時間制は，過去の何かが自身の未来を決めてしまっていて，「もう手遅れでどうにもならない」という一種の後悔である。この時間制に強くとらわれるほど，抑うつ感が高まることも実証的に示唆されている。

象があります。そこで，ここでは心と脳の科学から解説しましょう。

　まず，癒しとは「痛みの軽減」の全般を指す言葉です。心にアプローチするカウンセリングで言い換えれば，癒しとは，カウンセラーとクライエントの相互作用の中で，脳内で発信される心の痛みが軽減し，クライエントの気が楽になる体験と言えるでしょう。この観点でロジャーズの方法論を振り返ると，仲間を求めて心の痛みを発信しているウマの脳を癒している，とも言えるでしょう。また，可能性に目を向けることも，ヒトの脳に由来する心の痛みを癒しているとも言えるでしょう。

　ただ，心と脳の科学から考えると，この他にも心の痛みに関わる脳があります。それはサルの脳（図6-2）です。次ではサルの脳について解説しましょう。

(7)　サルの脳に由来する心の痛み

　ここでは，サルの脳について解説します。まず，サルの脳はヒトの脳より先に獲得されたものですが，私たちがホモ・サピエンスとして社会的生活をしているなかで，さらに独自の進化をした可能性もあります（Wrangham, 2019）。実際，この脳に由来すると考えられる心の痛みが，さまざまなメンタルヘルスおよび愛着の問題（たとえば，金政ら，2017；杉山，2014；杉山・坂本，2006）や，パーソナリティ障害傾向（たとえば市川ら，2015）にも，関与する可能性が示唆されています。カウンセリングにおいては，心のスポットライトを操る力が，極めて強い印象もあります。実は，ヒトの脳よりも配慮が必要なのがサルの脳，と筆者は考えています。そこで少々詳しく解説します。

　サルの脳の始まりは，私たちのご先祖がサルから類人猿へと進化する前後まで遡ると考えられます。その当時のご先祖は，一つの意志でみんなが行動するという，組織を作るようになりました。ただ群れて寄り集まっているだけの動物より，組織的に行動したほうが生存には有利です。集団の力で強力な捕食者にも対抗できますし，縄張りも組織でより広い範囲を守れます。私たちのご先祖が生存競争でより有利になったことは，想像に難くないでしょ

う。そこで，サルの脳は，立場を理解できてリーダーの意志に従う，周囲の
リアクションから学ぶ（社会的参照）などの，組織社会化に必要な機能を持
つようになりました。

　一方で，社会の恩恵が増えれば増えるほど，組織や社会に依存しなければ
生き残りづらくなるという，デメリットも生まれます。たとえば，現代の私
たちは，社会に排斥されると生きていけません。怖い話ですが，社会の「お
荷物」で迷惑な存在は，仲間から血の粛清を受けることもありえます。

　そこで，サルの脳は社会的排斥を避けて身を守るために，自分の立場をモ
ニタリングし，立場の維持を目指すようになりました（図6-2）。現代の私
たちも，本能的に周りの空気を読み，周りの顔色をうかがい（たとえば坂本
ら，2012），周りのリアクションを参考に，常に自己価値を確認しています
（自尊心のソシオメーター理論：Leary, 2005）。

　また，立場が良くなれば，それだけ組織内での生き残りに有利です。そこ
で，社会における自己価値を上げようという自己高揚動機（Taylor &
Brown, 1988）も備えるようになりました。これにより，自己価値の相対的
上昇を認識すれば高揚感という快感を，自己価値の相対的低下を認識すれば
劣等感という心の痛みも感じます。

⑻　「私もうダメなんです」と訴えるクライエント

　ここで，いったんカウンセリングに話を戻しましょう。すべてのクライエ
ントのサルの脳が，心の痛みの元凶になっているわけではないのですが，サ
ルの脳が泣きわめいているような場合もあります。図5-1，図6-1のよう
なカウンセリングもその一つです。

　このカウンセリングでは，クライエントが「私もうダメなんです」と訴え
ています。何がどうダメなのか，詳細はともあれ，サルの脳が自己価値をモ
ニタリングした結果，「価値がない」となってしまっているようです。そし
て，このモニタリングの結果がウマの脳に送られて，社会的排斥リスクを感
じさせているようです。察するに，誰かに「だめな人ね……」と評価される
などの，自己価値を疑うような体験を積み重ねてきたのでしょう。そして，

第6章　人間観の進化という壁：脳科学の進歩とカウンセリングの技法の進化　　*105*

人は嫌なことほどよく覚える動物なので，この体験をくり返し心のシアターで想起してしまうのでしょう。

　図6-1の右端の吹き出しのように，ウマの脳はカウンセラーの存在感で，一時的には安心できるかもしれません。しかし，サルの脳とヒトの脳は「安心して良い」とは言いません。むしろ，「リスク」の存在を訴えています。こうなると，ウマの脳の安心は長続きしません。心のスポットライトが「絶望」というリスクを映し出し，再び心の痛みを発信します。このようなクライエントに，ウマの脳を安心させるだけのカウンセリングを提供しても，変化のステージを進めないのは当然のことでしょう。

　ここまで，「私もうダメなんです，どうしたら良いのでしょう」と訴えるクライエントを例として，サルの脳とヒトの脳について解説してきましたが，このカウンセラーが何を目指すべきか，もうご理解いただけたと思います。まずは，サルの脳を安心させ，そしてヒトの脳を安心させることを目指すべきなのです。

(9)　サルの脳へのアプローチ：自己価値の確認

　どのような対応でサルの脳やヒトの脳が安心するのでしょうか。クライエントの感性や価値観の影響もあるのでケース・バイ・ケースですが，図6-1の右側の数々の☆に，クライエントの心のスポットライトに照らされていない領域があります。ここに自己価値を再確認できる体験が詰まっている方であれば，カウンセラーがクライエントの価値を承認するようなコメントが役立ちます。

　たとえば，過去の行動を振り返るなかで，「すごいじゃないですか！」「なかなか難しいことをなさってきたのですね」など，カウンセラーが実績を高く評価する態度をとります（Swann et al., 1992）。すると，サルの脳が自己価値を再確認して，さらにさまざまな「☆」にスポットライトを当てて，安心材料を見つけてくれる場合もあります。

　なお，重い抑うつ状態に苦しむ方は，安易に高く評価する態度をとると嫌がる場合があります。気分一致効果（第3章参照）の影響で，ポジティブな

情報を心が受け付けないのです。ですが，過去の実績のように確実な事柄に基づく自己価値であれば，有力な安心材料になることが期待できるとされています（たとえば Giesler et al., 1996）。

　たとえば，長年うつ病に苦しめられてきた方に，「○○さんは，□□ななかで（うつ病に苦しむなかで），△△をしてきたのですね。すごい，○○さんは◇◇がうまいのかもしれません。私だったら，○○さんのようにできないかもしれません」と言葉かけしたところ，腑に落ちたようでした。このカウンセリングが自己効力感[*4]を取り戻すきっかけになり，自分について前向きに考えていただけるようになりました。

　キャリア形成支援でよく活用される「キャリアの棚卸し」[*5]という技法も，このアプローチに類したものです。華々しい華麗なキャリアだけでなく，あらゆる職務経験が，さらには病歴や苦労した履歴であっても，その中からサルの脳の安心材料を見つけ出すこともできます。また，サルの脳が安心することで心のスポットライトが柔軟になり，さらに心のシアターにおけるさまざまな☆を照らすことで，さらなる安心材料やプラシーボも見つかる場合もあります。この他にもさまざまな方法がありえますが，サルの脳の安心材料を見つけ出し，フィードバックする姿勢を大事にしましょう。

(10)　心のスポットライトが動かない場合
　一方で，心のシアターで想起されている体験のインパクトが強すぎて，何をどうしてもスポットライトがその他の「☆」に向かって動かないような場

[*4]　自己効力感の研究者として有名なアルバート・バンデューラ（Bandura, A.：1925-2021）は，自己効力感を高める四つの要因として，「達成経験」「社会的説得（対話の中で自身の効力に注目される体験）」「代理体験（モデリング：類似性が近い人の成功体験を観察する）」「生理的感情的状態（健康であること）」を挙げている。この示唆を参考にすると，私たちはクライエントの達成経験とその経験が示唆する効力感，さらにその効力感の活用可能性（モデルの示唆も含む）に注目することで，クライエントの自己効力感を高めることが期待できる。達成経験への注目の効果はさまざまな文脈で示唆されているが，筆者は自己効力感への効果と考えると，その意味が理解しやすいと考えている。
[*5]　クライエントの職業体験を振り返る方法。

合もあります。このような場合は，認知行動療法や対人関係療法などの技法の導入を検討することもよいでしょう。

　また，カウンセラーとくり返し「ダメな人」という評価につながる体験について話し合うプロセスを通して，修正感情体験（Alexander, 1954）と呼ばれる方法を導入することが有効かもしれません。情緒的な混乱が強く，言語を通したやり取りが困難な場合は，感情焦点化療法（Greenberg, 2001）やAEDP™（Fosha, 2002）と呼ばれる方法が，有効な場合もあるでしょう。

　なお，クライエントの感性や価値観，その他の状況次第ですが，仮に筆者であれば，サルの脳やヒトの脳への再保証（reassurance）[6]を心がけるでしょう。たとえば，〈私には，あなたがダメにはまったく見えません。でも，そんな気がしてしまうのですね。誰かが，あなたのことをダメだと言い続けているように思えるのでしょうか〉と，サルの脳に再考をお願いしながら，修正感情体験への誘導を模索するかもしれません。あるいは，〈今は見えないかもしれませんが，どうしたらよいのか必ず見つかります。あなたに合うかどうかまだ考えているところですが，提案したいこともあるので〉などと，ヒトの脳にプラシーボを感じていただける言葉かけをするかもしれません。

　いずれにしても，カウンセリングには，サルの脳とヒトの脳にアプローチできるさまざまな方法論が蓄積されています。各論の詳細は専門書や専門的なワークショップなどで身につけていただくことになりますが，本書でも可能な限り解説しましょう。

4. 何でも人のせいにする人の脳内は？

　前節までで，サルの脳やヒトの脳がリスクを強く感知し，さらに自発的に変化のステージを進むリソースに恵まれていないクライエントを想定して，サルの脳とヒトの脳，そして適切な対応への基本的な考え方を解説してきま

＊6　「あなたは大丈夫」というメッセージを伝えること。

した。しかし，第5章で紹介したように，ロジャーズの方法論で対応が難しいパターンはこれだけではありません。本節では，「何でも人のせいにする人」の心と脳の状態と対応について考えてみましょう。

(1) クライエントの心のシアター

何でも人のせいにするタイプの人は，変化のステージでいうと，「熟慮前」に相当する自覚がない段階です。周りから不当な扱いを受けていて，自分を被害者のように位置づけている場合，周りを見下している場合，あるいはその両方を兼ね備えている場合などさまざまですが，ここでは図5-2のような自己愛的な場合を想定して考えてみましょう。

図6-3は，このようなクライエントの心のシアターを，かなり極端に表現したイメージです。スポットライトには，このクライエントに都合の良い空想が映し出されています。スポットライトが当たっていない現実には，

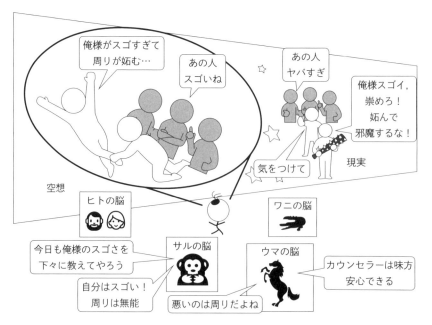

図6-3　自己愛的で何でも人のせいにする人（図5-2）の心のシアターのイメージ

第6章　人間観の進化という壁：脳科学の進歩とカウンセリングの技法の進化　　*109*

「自分を崇めろ」という態度で周りの人々を困惑させ続けている，このクライエントが存在しています。クライエントが語らないのでカウンセラーにはこの現実がわかりませんが，熟練レベルのカウンセラーなら，察しがつく場合もあるでしょう。カウンセリングの場によっては，周辺から本人についての情報が入ってくる場合もあるでしょう。

(2)　ロジャーズの方法論をくり返した場合

　このような方にカウンセラーがロジャーズの方法論で対応すると，ウマの脳は味方だと認識してくれると思われます。しかしサルの脳は，「自分はスゴい，周りは無能。うまくいかないことがあるのは，無能な周りが妬んで足を引っ張るから」という空想に，心のスポットライトを集中させています。

　この空想はウマの脳にとっては「安心材料」です。ロジャーズの方法論は，カウンセラーも「安心材料」に注目することで，サルの脳をさらに安心させる効果もあります。

　ですが，このクライエントのサルの脳を安心させ続けると，どうなるでしょう。まず，ウマの脳も，「やっぱり俺様は正しい。俺様のスゴさを崇めない周りが悪い」と，ますます安心するでしょう。そして，サルの脳にとってカウンセリングは，「"俺様のスゴさ"をカウンセラーに教えてやろう（そして自己高揚感に浸って気持ち良くなろう）」という場になることでしょう。

(3)　ヒトの脳は何をしている？

　このとき，ヒトの脳はどうしているのでしょうか。実は，ヒトの脳とサルの脳は，同時には働きにくいことが知られています。多くの場合で心のスポットライトはサルの脳を満足させることに集中してしまいます。そしてヒトの脳はお休みしているような状態になっていることでしょう。

　実は認知心理学では，健康な人は「気分不一致効果」（Forgas & Ciarrochi, 2002)」という現象があることが研究されています。私たちが高揚感に浸りすぎるのは危険です。そこで高揚感が一定の水準を超えると，無意識的（半ば自動的）に懸念事項について考え始め，「次は何をするべきか」という展望

に意識を向けるという現象です。一般的には、気分一致効果よりも気分不一致効果が確認されることのほうが多いとも言われています。

　しかし、「自分の態度が周りを困惑させ、周りに悪く思われている。悪いのは自分」という現実にスポットライトを当てると、不快になります。サルの脳もウマの脳も不安になります。この不快感に耐えられない人は、たとえば防衛機制の抑圧や否認などを使って、現実を見ないようにするでしょう。

　こうなると、ヒトの脳が働いたとしても、気分一致効果のような現実検討はなかなか行われないでしょう。おそらく、「自分のスゴさをどう維持できるか」「自分のスゴさを周りにもっと知らしめるには」「足を引っ張るやつをどうしてくれよう」など、空想に沿った展望や計画を考え始めることでしょう。自己愛的な人は、仮にヒトの脳が働いたからとしても、必ずしも建設的な現実検討が行われるわけでも、展望が描かれるわけでもないのです。

5. <u>変化のステージを進めないクライエントへの対応法</u>

　さて、図6-3ではかなり極端に、自己愛的な方の心のシアターを表現しました。ただ、似たようなケースは意外と多いかもしれません。

　この方の心のスポットライトが焦点を当てていない現実では、クライエントの立場はかなり悪くなっているようですが、ご本人には自覚がありません。コミュニケーションを取ってくれる方が、「気をつけて」と声をかけてくれているのですが、「妬んで邪魔する」としか思っていません。カウンセリングでも、「妬まれる悲劇」に悩まされているかのように語りますが、悲劇に酔いしれているかのようです。

　このようなクライエントに、ロジャーズの方法論で丁寧にお話を聴く意義を見出すとしたら、少なくとも孤独は癒せているのかもしれません。周りにはかなり悪く思われていますので、誰も話を聴いてくれないでしょう。言葉にしないだけで、実は孤独も感じているのかもしれません。聴いてもらうことで孤独が癒されると、気持ち良くなってくれることでしょう。

　しかし、図6-1のクライエントとは別の意味で、聴いているだけではど

うにもなりません。図6-1の場合は，「私もうダメなんです。どうしたらよいのでしょう」と苦しんで助けを求めているので，聴く以外に何が必要かは明確です。サルの脳には安心材料を，ヒトの脳にはプラシーボを実感していただくことで，苦悩を軽くすることに全力で目指せばよいのです。簡単ではありませんし，一緒に涙することも多いのですが，目標は明確です。

　一方で，図6-3のようなクライエントには，私たちはどのように対応すればよいのでしょうか。私たちがお話を聴いている限り，相対的に「幸せ」そうです。ですが，このクライエントを取り巻く事態はいっこうに良くなりません。むしろ，もっと悪くなりそうです。クライエントご本人より周囲が，「どうしたらよいのでしょう」と頭を抱えてしまうかもしれません。

　このようなケースへの対応を考えるには，クライエントのニーズだけでなく，ケースのニーズも含めてクライエントと共有できる目標を設定することから，最適解を探らなければなりません。最適な目標は「ウェルフォームド・ゴール（Well Formed Goal）」（Berg & Miller, 1992）という言葉で議論されることもありますが，次の第7章からは目標の探り方について，カウンセリングにおける人間観，特に価値観の壁とその乗り越え方について解説しましょう。

第7章

主訴と現実検討という壁
：ウェルフォームド・ゴールを目指す

　第5章，第6章では，傾聴しているだけでは変化のステージを進めないクライエントについて解説してきました。彼らは何らかの理由で，聴いているだけでは熟慮や自覚は深まりません。私たちが母性的風土を提供しているだけでは，建設的な現実検討に向かうことは困難です。そこで，本章では表7-1のように，目的・目標の共有から現実検討までをサポートするカウンセリングについて解説しましょう。

表7-1　目的・目標の共有から現実検討：ウェルフォームド・ゴールの設定

心理カウンセリングのフェーズ	主な方法・技法	変化のステージとの対応
現実検討→現実受容	直面化と受容への試み（圧力への暴露）	変化の準備→実行
	情報の再検討（欲求─圧力分析）	熟慮（自覚）を深める
	問題の再検討・再定義	
ウェルフォームド・ゴールの設定と検討	ラポール（アライアンス：同盟関係）の醸成	
	目的・目標の共有	
関係構築	願望への注目とコミットメント	熟慮前（無自覚）から熟慮（自覚）へ
	苦悩・葛藤（感性・価値観）への共感的接近	
	心のシアター（現象学的世界）の理解	

1. 目的・目標の共有以降のカウンセリング

　本節では，目的・目標の共有以降のカウンセリングにおける，基本的な考え方を解説します。表7-1はこの先のフェーズのイメージです。ここから私たちは，傾聴と，現実検討や問題解決をサポートする助言・提案・質問を，行き来するサイクルに入ることになります（図7-1）。両者は同時に働かないので，私たちは適時切り替えながらクライエントに向き合うことになります。その割合については私の場合，「傾聴：助言・提案・質問＝9：1」を基本に，クライエントのペースや個性，また変化のステージの進み具合で，加減するようなイメージで考えています。

　第3章で，デフォルトモードネットワーク（共感脳）と，タスクポジティブネットワーク（助言提案，タスク遂行の脳）の相互抑制について解説しましたが，ここからはこの相互抑制の関係についての理解がさらに重要になります。助言・提案にしても質問にしても，このタスクを遂行すると，私たちの脳は一時的にタスクポジティブネットワークに偏ります。すると，相対的にデフォルトモードネットワークは働かなくなります。ここで私たちは，タスクポジティブネットワークに偏りっぱなしになってしまうリスクを，抱えることになります（図7-2）。脳の切り替えは，実は意外と難しいのです。

　リスクと表現する理由は，これがクライエントを傷つけてしまうリスクになるからです。デフォルトモードネットワークが働いていないときの私たちは，クライエントの気持ちがよくわからなくなります。そのため，クライエ

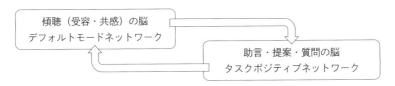

図7-1　ここからのカウンセリングの考え方（カウンセラーの脳内）

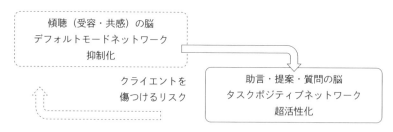

図7-2　中断事例の一つのパターン（カウンセラーの脳内）

ントが私たちの助言・提案・質問に困惑していても，気づきにくくなってしまうことがあるのです。私のスーパーバイズの経験では，これもありがちな中断事例の1パターンです。

このようなリスクを負ってまで，クライエントの自発的な現実検討や問題解決の試みを待たずに，私たちが促さなければならないのでしょうか。本章はこの問題を考えてから進めましょう。

2. 傾聴だけでは本当にダメなのか

カウンセリングの事例研究という観点で考えたときに，ロジャーズの方法論で想定されている，ほぼ傾聴だけで良い展開が起こったケースの報告もなされています。実際，カウンセラーがむやみに口を挟むと，クライエントの考える力を邪魔することになります。カウンセラーが適切なタイミングで，適切な助言・提案，質問をするということは，実はそれなりに慎重な見極めが必要な事柄なのです。そこで，本章の本題に入るにあたって，「傾聴だけでは本当にダメなのか」について，もう一押し深く考えてみましょう。

(1) 「カウンセリングは傾聴だけが良い」と確信できる根拠はない

第3章，第4章で解説したように，傾聴だけのカウンセリングでもウマの脳を安心させて，一時的に気を楽にする効果はあります。変化のステージが進まなくても，「この効果だけで十分」というケースもあるかもしれません。

第7章　主訴と現実検討という壁：ウェルフォームド・ゴールを目指す　　*115*

　実際のところ，「一時的に気が楽になる場であれば良い」という気持ちで，カウンセリングにおいでになる方もいます。クライエント本人も含めて，関係者の誰も変化を求めていないようなケースの場合，このようなカウンセリングの提供がそれなりに長く行われることがあります。

　また，一時的に気が楽になる体験を重ねることで考える力が回復し，建設的な現実検討が起こるという可能性もゼロではありません。たとえば，カウンセラーが数年をかけて粘り強く傾聴しているなかで，クライエントの変化のステージがじわじわと進み，建設的な変化があったという事例研究も，少なからずあります（なお，このような事例では，治療外要因の変化が効果的だったということも多い印象です）。

　しかし，良い展開を報告する事例研究の背景には，その何倍もの中断事例や，望ましい展開に至らなかった事例があるものです。希少な「理論的にキレイな事例」の報告を根拠に，「（時間さえかければ）ほとんどの事例が傾聴しているだけで建設的な変化がある」と，結論づけるわけにはいきません。カウンセリングに絶対的な方法論はありません。カウンセリングはクライエントの，そして事例のニーズで，その価値が決まるのです。

(2)　目的や期限，回数の制限も

　特に，何らかの目的や問題の改善を期待されているカウンセリングの場合は，傾聴の提供だけでなく，クライエントが変化のステージを進めるように，私たちも後押しをしなければなりません。具体例としては，うつ病や依存症，不安障害などの症状の軽減や，症状から派生する問題（就労状況や家庭内暴力など）の改善などが挙がるでしょう。このようなケースでは，可能な限り早い苦悩の軽減や望ましい展開を，本人や関係者から求められることがあります。

　このほかには，復職や復学，就労や就学，職場や学校，コミュニティ，夫婦・家族関係への適応などは，本人や関係者から早期の展開を求めるだけでなく，カウンセリングの構造（場面設定）として期限や回数制限がある場合もあります。このようにカウンセリングの実際問題として，先行きの読めないカウンセリングを続ける余裕がないことも多いのです。

(3) 熟練の名人とは対応力の幅が広いもの：同化的統合

　筆者自身は，状況が許せば数年をかけて，丁寧に傾聴を提供し続けるカウンセリングに価値を見出すカウンセラーの一人です。ですが，現実は甘くありません。職域によっては，時間も回数も制限された中でカウンセリングを行わなければならないケースのほうが多いのです。私たちはカウンセリングのプロフェッショナルです。職業観の話になってしまいますが，さまざまなニーズに応じるのがプロフェッショナルだとしたら，「時間をかけて粘り強く傾聴します」だけでなく，「制限の範囲内で可能な限りの良い展開を目指します」という姿勢も必要だと言えるでしょう。

　なかには，「私は○○的なカウンセリング専門のカウンセラーです」という方もいます。もちろん，このような方もいて良いと思います。これはカウンセリングに対する価値観の問題になりますが，筆者は特定の方法論よりクライエントを大事にする人，すなわち対応力の幅が広い人が，熟練の名人だと考えています。これは筆者だけでなく，同様の姿勢は同化的統合（Messer, 1992）と呼ばれ，国際的なディスカッションでは広く支持されています。

　したがって，私たちには現実検討や問題解決へと動機づけ，サポートするスキルが必要です。そこで本章では，現在のところ最も初級者が使いこなしやすく，熟練のカウンセラーに近づけると考えられる方法を解説しましょう。なお筆者は，同化的統合は「来談者中心」的な姿勢の現代的な進化形だと考えています。

3. ヒトの脳とウェルフォームド・ゴール

　さて，ここからが本章の本題です。本章でまず鍵になる考え方は，第6章で紹介した「ヒトの脳への程よい刺激」，すなわち「プラシーボ」になります。

(1) ヒトの脳と現実検討・問題解決

　第6章では，「ヒトの脳」は計画性や展望の脳であり，この脳が求める癒し

とは「プラシーボ」であることを解説しました。そして，ヒトの脳を中心とした脳内のネットワークは，プランニングなど展望につながる心的活動の基盤であると同時に，現実検討や問題解決に関わる脳基盤であることも示唆されています。

　ヒトの脳と現実検討・問題解決の関係を解説するために，認知行動療法の脳基盤の研究を紹介しましょう。認知行動療法の特徴をシンプルに表現すると，クライエントに問題の軽減に向けて現実検討を促し，セルフ・モニタリングを習慣化させることを目指した方法と言えます。すなわち，「何をしたら良いのか」という展望と，「これをやればより良くなる（効果を謳う効果）」（杉山ら，2012）というプラシーボを与えることが特徴です。そして，認知行動療法を実施すると，本書における「ヒトの脳」が活性化することが知られています（岡本ら，2013）。

(2) ヒトの脳はウマの脳を抑制し，心の痛みをさらに軽減する

　ヒトの脳が活性化すると，ウマの脳の中核とも言える扁桃体の活動が，抑制されることも知られています（たとえば山本，2017）。つまり，ヒトの脳が刺激されると，ウマの脳の活動が緩和するのです[*1]。

　なお，第6章で解説したような，サルの脳が自分について「ダメな人」と評価して，苦しんでいるような場合は，サルの脳と社会的排斥リスクに敏感なウマの脳が，連携しているような状態になっています。このような場合，ヒトの脳がウマの脳の活動を緩和することで，サルの脳の活動も緩和し，クライエントの苦悩がさらに緩和することでしょう。

　また，デフォルトモードネットワークとタスクポジティブネットワークの相互抑制については，本書でいうサルの脳はデフォルトモードネットワークと，ヒトの脳はタスクポジティブネットワークと，大半が重なっています。つまり，ヒトの脳が活性化すると，サルの脳の活動が緩和するという効果も

＊1　本書でいうヒトの脳とウマの脳は，自分のこれからを考える（自伝的プランニング）場合などの一部の例外を除き，概ねは競合（どちらかがアクティブになると，他方が抑制される）することが知られている（越野ら，2013）。

あるのです（図7-3）。

　いずれにしても，ヒトの脳をプラシーボで活性化することには，自己評価への苦悩や心の痛みの軽減という意味では，良い効果しかありません。クライエントもスムーズに，変化のステージを進むことができます。私たちは可能であればヒトの脳の刺激を目指し，図7-4のようなサイクルの中でクライエントを心の痛みから開放し，問題の軽減・改善を目指すべきなのです。

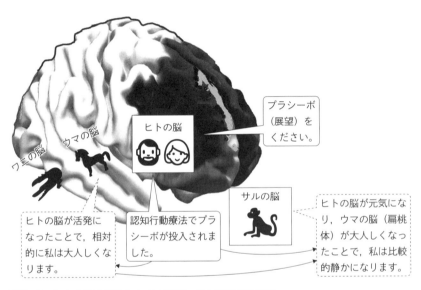

図7-3　ヒトの脳の活性化とウマの脳，サルの脳の沈静化

図7-4　傾聴の効果，助言・提案・質問（展望）の効果，ダブルで心の痛みを軽減

4. ウェルフォームド・ゴールの探り方

　本書では第5章からは共通要因アプローチを参照しながらカウンセリングを解説しています。日本に共通要因アプローチを紹介した指導者の一人，前田（2007）は関係構築の要の一つとしてウェルフォームド・ゴール（De Jong & Berg, 2012）を共有する必要性を強調しています。ウェルフォームド・ゴールとはクライエントが今すぐにでも取り組めて達成可能と思える小さな目標のことです。そして，「クライエントにとって重要である」「具体的で，行動的で，測定できる」「単なる願望ではなく実現可能性が高い」「状況や場面が限定されている」といった条件を満たすものとされています。

　表7-1の「主な方法・技法」欄の，「目的・目標の共有」における理想的な展開としては，ここで共有される目的・目標が可能な限りウェルフォームド・ゴールとなることです。クライエントとカウンセラーを一つのチーム（集団）と考えると，チームビルディング要因としての目的・目標の共有が必要です（杉山ら，2015）。

(1) なぜ主訴ではなくウェルフォームド・ゴールなのか

　カウンセリングの多くはクライエントの主訴を元に始まります。そこで，まずは「主訴の改善（解消）」を目標として共有する，すなわちカウンセラーが主訴解消に協力する姿勢を示すことで，暫定的なラ・ポール／アライアンスが形成されています。クライエントがお話をしてくれるのは，このような最低限のラ・ポール／アライアンスがあるからとも言えます。

　しかし，主訴は必ずしも具体的なわけではなく，達成可能と思える小さな目標であるわけでもありません。漠然としていたり，空想的で非現実的な場合もあります。主訴はクライエントの苦悩の中核であることが多いので，尊重しなければなりませんが，先行きが読めない目標でラ・ポール／アライアンスを醸成しても，プラシーボが乏しいものになるでしょう。そうなると，ラ・ポール／アライアンスも不安定なものとなります。そこで，可能な限り

前記の条件を満たしたウェルフォームド・ゴールの共有に基づいた「ラ・ポール／アライアンスの醸成」と，その先の現実検討へと進むことが望ましいのです。

(2) カウンセリングとは小さなウェルフォームド・ゴール共有のくり返し

　カウンセリングの実際としては，同じクライエントが同じ主訴で来談を重ねていても，面接セッションごとに話題の中心が変わることがあります。クライエントが変化のステージを進んでいて，特に現実検討が進んでいれば，小さな気づきが積み重なります。そうなると，クライエントが考えたい事柄は，その都度で変わってくるはずです。

　したがって，カウンセリングでは面接セッションごとに，クライエントが「今，ここで」考えたい事柄についての「今日のウェルフォームド・ゴール」を，その都度，共有し直すことが必要になります。

　このことを特に強調するのが，認知行動療法の方法論でしょう。認知行動療法の継続セッションではその都度，クライエントと「今回のカウンセリングのアジェンダ」を作成します。筆者の印象では，このアジェンダの作成は，「今日のウェルフォームド・ゴール」の共有のプロセスに他なりません。他の方法論は認知行動療法ほど明示していないかもしれませんが，カウンセリングの実際としては，小さなウェルフォームド・ゴールの共有をくり返すことで展開することが多いです。

(3) ウェルフォームド・ゴールとソリューション・フォーカスト・アプローチ

　ところで，ウェルフォームド・ゴールとは，ソリューション・フォーカスト・アプローチという，短期間での主訴軽減を目指すカウンセリング，いわゆるブリーフセラピーで重視され始めた概念です。カウンセリングは，必ずしも「短期決戦」に価値を置くものではありません。しかし，短期間で効果的に問題を扱うという姿勢が，現実検討を促す数々の方法論を生み出してい

ます。ここから筆者は，ソリューション・フォーカスト・アプローチには，現実検討フェーズを展開させるヒントが詰まっていると評価しています。

また，ウェルフォームド・ゴールは，ヒトの脳の性質から考えても，熟慮と現実検討を促すという意味で合理的です。そこで，本書でも前田（2007）に倣い，ここからはウェルフォームド・ゴールという概念を活用しながら，表7-1の黒枠部分について解説していきましょう。

ちなみに，短期間での効果を目指すことは，認知行動療法や対人関係療法にも言えることです。しかし，認知行動療法は症状に焦点化し，対人関係療法はコミュニケーションに焦点化する傾向があります。やや幅が狭い印象です。現実検討を促す方法論としては，ソリューション・フォーカスト・アプローチが相対的に汎用性が高いと言えるでしょう。そこで，初級者も使いこなしやすく熟練レベルへの近道になると，筆者は評価しています。

(4) ソリューション・フォーカスト・アプローチの質問技法

なお，ソリューション・フォーカスト・アプローチには，よく活用される四つの質問技法があります。これらは汎用性を持たせるために，ややあいまいな質問になりがちですが，最適なウェルフォームド・ゴールを探る入口としては有効な場合があります（伊藤，2014）。詳しくは伊藤（2014）など専門の文献や講習で学んでいただきたいのですが，本書ではウェルフォームド・ゴールを探るイメージをつかんでいただくために，その概要と，カウンセリングの中での簡単な使い方を解説しましょう。

なお，これから紹介する質問は，一種のクライエントとの対立（confrontation）（たとえば Adler & Myerson, 1973）になりえます。カウンセリングでは洞察（現実検討／熟慮）を促す対立についての考察が積み上げられていますが，対立の結果として，カウンセラーの存在感が，「味方」ではなくなってしまうことも多々あります。本書では比較的クライエントに圧力をかけない使い方にも言及していますが，「クライエントが乗ってこない」場合の展開も視野に入れながら，質問を活用するように心がけましょう。

① ミラクル・クエスチョン

これはクライエントとカウンセラーが共に目指す,「未来を尋ねる質問」です。〈奇跡が起こって……問題が解決したら,何がどう変わっているでしょう〉という旨を尋ねます。ド・シェイザー（de Shazer, 1988）が提案した質問法が有名で,良い効果も報告されています。

ですが,この質問法は比較的長文なため,難解でクライエントに理解されにくいので,カウンセラーへの不信感や違和感を与えてしまうリスクもあると示唆されています（伊藤,2014）。特に未来や奇跡を考えられる状態にないクライエントには,この質問は苦痛を与えるだけになることがあります。たとえば,期待していた人生をあきらめざるを得ない,恋人や家族の喪失など,「自己の拡張物」の喪失過程にある方に,〈奇跡を…〉などと語りかけることは残酷な行為です。奇跡を考えても,失ったものは戻ってこないからです。

また,子どもや自身の障害や重大な病気など,この先の困難を受け入れる過程にある方にも,苦痛や与えてしまいます。奇跡を考えても困難という現実は変わらないからです。このような弊害が理由で,ミラクル・クエスチョンを導入したことで中断したと考えられる事例も報告されています。

そこで,筆者はカウンセリングの対話の中で,クライエントが用いた言葉をつなぎながら,この質問として導入する場合があります。たとえば,「来週,私が無事にここ（カウンセリング）に来られるかどうかが心配です」と訴えるクライエントに,〈来週のあなたがどうなってたら最高でしょうか？〉などと尋ねる場合があります。また,日本人には,"奇跡"はそこまで馴染み深い言葉ではありません。そこで,〈奇跡が…〉を言い換えて使う場合もあります。たとえば,〈可能かどうかは別にして,あなたにとって最高の展開や変化とは？〉などです。大事なことは,この質問でクライエントと望ましい展望を共有することです。そして,クライエントの熟慮や現実検討への動機づけを高めることです。

筆者は関係構築フェーズに限らず,現実検討フェーズ,問題解決フェーズ

第7章　主訴と現実検討という壁：ウェルフォームド・ゴールを目指す　　*123*

も含めたすべての step で，効果的に使えるタイミングを逃さないように心がけています。主にクライエントの願望が感じられたタイミングで活用することが多いですが，「一歩間違えると，嫌がられる」質問であることも考慮しています。たとえば，クライエントがスムーズに答えられない場合もあります。その際には，〈すみません。ちょっと難しいことを聞いてしまいましたね。あなたを想うあまり，急いでしまったかもしれません〉などと切り替えの言葉も用意しています。このように，嫌がられた場合の展開もイメージしながら活用することが，何より重要です。

② 例外探しの質問

　これは，「すでにある解決」を尋ねる質問です。問題や症状が起こるような状況で問題が発生しなかった，あるいは深刻な問題に至らなかった場合を尋ねます。

　この方法が有効な背景としては，クライエントの心のスポットライトは多くの場合で問題に集中しています。そのため，心のシアターでは「いつも」問題が起こっているかのような状況になっていることがあります。一種の錯覚です。そこで，質問によって，例外事例にスポットライトを向けてもらいます。たとえば，ギャンブル依存に悩む方の場合，〈ギャンブルをするときと，しないときは，何かが違っていたのでしょうか〉などと語りかけます。そして，問題や症状が起こる場合と例外事例の違いを手がかりに，ウェルフォームド・ゴールを探ります[*2]。

　ただ，これは心のスポットライトを，無理やり動かそうとする行為です。下手をすると，カウンセラーが一方的に例外に注目するように，あるいは解決を急ぐように映って，クライエントの苦悩に共感しない「裏切り者」のよ

[*2]　なお，ソリューション・フォーカスト・アプローチでは，例外事例を成功例とすることで達成感を持ってもらう，自信（自己効力感など）を回復させる，などが強調される場合がある。筆者の印象では，自己肯定に動機づけられているクライエントなら有効な場合もある。しかし，そうでない場合は，このような使い方は「対立」になりがちなので，慎重になったほうがよいと考えられる。

うに思われて，中断することもあります。

　筆者の場合は，〈思いつけば教えていただきたいのですが，思いつかないようなら無理しないでください〉などの形で尋ねます。そしてクライエントが，「例外はありません」などのように質問に答えられなかったら，〈無理なお願いをしてしまってごめんなさいね。それだけ，症状（問題）が深刻で，あなたが苦しんでいることが伝わってきました〉など，クライエントの「裏切り者」にならない配慮を考えながら行っています。

　なお，時間に余裕があるケースなら，認知行動療法の一つである「活動記録表」[*3]を一緒に検討しながら，例外探しを行う場合もあります。認知行動療法の技法は，第2章で紹介した「共同注視」の関係を作りやすいので，相対的に対立を避けやすい方法論だと言えます。詳しくは杉山（2019）などをご参照ください。

③ コーピング・クエスチョン

　これも，すでにある解決を尋ねるものですが，不安や苦痛，怒りなど，情緒的な問題や困難な事態や状況に，どのように対応して生き残ってきたのか尋ねるものです。サヴァイヴァル・クエスチョンと呼ばれる場合もあります。

　バーグ（Berg, 1994）やデ・ヨングら（De Jong & Berg, 2012）などは，具体的な言葉かけなども考察していますが，クライエントが苦悩や困難を抱えながらどのように生き残ってきたかについての質問の全般が，これに該当すると言えるでしょう。この質問について考えていただくことで，クライエント自身の自己効力感や，サヴァイヴァーとしての誇りのようなものを実感していただけると，現実検討への動機づけが高まることが考えられます。

　ただ，クライエントが面接セッションの中で，「今，ここ」の情緒的な苦痛を訴えている場合は，この質問はクライエントが話したいことから「注意をそらす」（第3章参照）かのように映ってしまう可能性があります。このよう

[*3]　一定時間ごとの行動と，その間の症状の重さの変動を記録してもらう方法。

な場合は，表7-1「主な技法・方法」欄の「苦悩・葛藤への共感的接近」の段階と考えて，第3章，第4章で解説したカウンセリングを徹底するフェーズである場合が多いです。

筆者の経験になりますが，苦悩や困難の経験についての脱感作（修正感情体験）がある程度進んだ段階で，このような質問に効果がある印象です。たとえば，「組織的に虐げられた経験」「空虚さに伴う希死念慮から生き残った経験」などについて，カウンセラーが「苦悩・葛藤への共感的接近」を積み重ねる中で，〈よく，そのような困難を生き残りましたね……。心から尊敬します〉など，リスペクトの言葉をコメントします。

そのコメントへのリアクションが比較的ポジティブだったときに，クライエントに合わせた言葉を選びながらコーピング・クエスチョンを試みると，ウェルフォームド・ゴールのヒントになるようなリアクションが，得られやすいように思われます。このように，タイミングが合えば，クライエントの現実検討／熟慮を促す効果的な介入になるでしょう。

5. 「現実検討→現実受容」から「問題解決」の実際

現実検討フェーズ以降は，ウェルフォームド・ゴールとして共有した事柄について，より具体的かつ現実的に考える共同作業から始まります。この作業を通して，クライエントは熟慮をより確かなものにすることができます。その中で問題がよりクリアーになり，変化の準備へとクライエントが進みます。ここでは，事例を通してこの実際を考えてみましょう。

(1) 後輩に嫌われたエンジニアのケース

30歳前後の男性エンジニア。部下はいないが肩書は主任。立場的にも年齢的にも，新人を育てることを期待されていると思っている。来談動機としては，「後輩が困っているように見えたので助言をしたところ，後輩は素直に学んでいたように思えていた。ただ，翌日から後輩が明らかに自分を避けるようになり，不愉快な思いをしているので，カウンセラーと考えたい」。

このクライエントは後輩について語り始めると，徐々に憤り始めました。
要約すると，「後輩は“教えるよりも，自分がやってしまったほうが早いような仕事”で困っていた。でも，育ててあげようと思って，時間を取って丁寧に大事なことを教えた。なのに，感謝するどころか避けるような態度を取るとは許せない!!」と怒り心頭です。

この段階では，自分を顧みるような姿勢は感じられません。まさに第5章で解説した「原因や解決を外に求める」（Kirtner & Cartwright, 1958）状態でした。

(2) 関係構築フェーズ

心のシアターの理解から始めましたが，後輩に謝らせたい，あるいは後輩に罰を与えたい，といった願望が垣間見えます。この願望を形にしてしまうと，クライエントの立場が悪くなる可能性もあるので，〈そうでしたか……。育ててあげようというなかで時間を取ったのに……。いやあ，ひどいというか残念というか……〉というように，願望の背景にある失望や怒りへのコミットメントに努めました。

そして，ウェルフォームド・ゴールの共有を目指してミラクル・クエスチョン風に，〈もしも……の話ですが，その後輩さんがもっと良識的……というか，良い方だったとしたら，どのような態度を取ってくれたでしょうか〉と尋ねてみました。すると，「丁寧に教えてもらったことを喜ぶと思います。尊敬してくれ，とまでは言いませんが，もっと教えてほしいという姿勢を持ってほしかったです」というお答えでした。

同じ部署での仕事はしばらく続く見通しで，「それなりに尊敬してもらえないと，今後の指導が難しくなる」ということでした。そこで，〈後輩さん（からの尊敬）について，もう少し深く考えてみませんか〉と提案してみました。クライエントはぜひ考えたいということで，当面はこの提案がウェルフォームド・ゴールになりました。

(3) 現実検討フェーズの入口：自身の関与度が低い事柄から
再検討・再定義

　このように現実検討フェーズは，まずは「後輩」について考える展開になり，入社当時から今日まで，どのように後輩が見えていたかをうかがう時間を取りました。自分を顧みないタイプのクライエントでは，このような展開は決して悪くはありません。自身の関与度が低いほうが，相対的に話しやすいからです。対話が進めば，少しずつ自己理解を促すきっかけをつかめるかもしれません。

　「後輩」について考えるなかで，部分的に彼の人格を否定するかのような発言もありましたが，この件が起こるまでの数カ月は，クライエントとも他の人たちとも良好な関係で，特に大きな問題を感じるようなこともなかったということでした。

　次に，少しクライエント自身の関与度を高めて，〈後輩さんには，経験豊富な先輩であるあなたは，どのように見えているでしょうか〉と，検討をお願いしました。すると，「多少は尊敬してくれていると思っていたけど，今はよくわからない」と，不機嫌そうに答えました。

　さらに，〈あなたが後輩さんの立場だったとき，あなたのような先輩は，どのように見えていたでしょう〉と，違う形でのご自身についての検討をお願いしました。すると，「自分にはできないことをスルスルっとやってのけるので，まるで魔法使いのように見えていました。尊敬の対象でした」という答えでした。

　〈後輩さんも同じようにあなたを～〉という問いかけには，お勤め先には経験と技術を尊重する企業風土があるというお話も含めて，「後輩も同じように自分を尊敬していたはずだ」というお答えでした。ここで，〈ということは，畏敬の念……というか，経験と技術のある先輩というのはかなり大きな存在……という感じなのでしょうか〉と，要約を含めた質問を入れたところ，「そうですね」と答えました。

（4）　来談動機そのものへのアプローチ

「後輩も，自分を魔法使いのように尊敬していたはずで，自分は後輩にとって大きな存在」というクライエントが見ている「現実（心のシアター）」が，かなりクリアーになりました。ですが，この段階ではまだ，どこまでリアリティがあるのか，どこからが空想なのかは不明です。より具体的な現実検討が必要です。

幸いなことに，話しやすいところからですが，クライエントにはそれなりに来談動機に関連する事柄について，考えていただくことができました。心のシアターの中では，関連する情報処理のネットワークが刺激されたことで，来談動機そのものの情報処理も温まってきていると考えられます（第2章，第4章参照）。

そこで，ここからは自分を顧みるプロセスが避けられなくなりますが，次のように来談動機そのものについての質問を試みました。〈ところで，後輩さんにはどのような教え方をしたのでしょうか〉。

すると，かなり具体的にお話しくださいました。要約すると，後輩が困っていた仕事について，本当に丁寧に，ただ非常に多くの事項を伝えていました。また，困っていた仕事だけでなく，「いずれ必要になるから一緒に覚えておいたほうが良いよ」ということで，関連する事柄についてもさまざまなことを教えていました。

（5）　問題の再検討・再定義の促進

〈先のことまで見据えて後輩を指導できるってすごいですね!!〉とクライエントを称賛しながらも，このコミュニケーションにおける何かが後輩を不快にさせた可能性があるので，〈後輩さんは喜んでいましたか〉などと，クライエントが認識できる限りの後輩のリアクションへの現実検討を促しました。この段階では検討の方向性を促す質問だけで，クライエントが自発的に熟慮を深められる可能性を探っていました。しかし，「喜んでいると思っていたのですが……」と，先ほどと同様に，再び不機嫌そうに後輩について語る様

子に戻ってしまいました。

　そこで，カウンセラーとしていくつか仮説を立てて質問するという，「考え方の提案」に切り替えました。教え方が尊大すぎた，情報量が多すぎた，時間が長くなりすぎた，あるいはこの全部など，仮説はさまざまに立てられます。ここでは相対的に話しやすいと思われる時間の長さから質問しました。すると，「1時間くらいかと思っていたけど，時計を見たら2時間くらい経っていた」ということでした。どうやら，かなり熱のこもった長時間の指導になっていたようです。

(6) 再検討のプロセスにおけるゴールの回り道：デフォルトモードネットワークへの切り替え

　ここで，後輩には，理解できない小難しいことを聞かされる，長時間の拘束のように体験されていたかもしれず，このことで後輩が参ってしまったのでは，というより詳細な仮説が浮上してきます。とはいえ，このような仮説をストレートに検討してもらうのは，クライエントの自尊心を脅かすので負担になります。そこで，まずは再保証を試みました。たとえば，〈すばらしい，2時間も語れるくらい，あなたの中には技術が詰まっているのですね!!〉など，クライエントのポジティブな側面から再検討を進めてもらいました。

　クライエントは「長年やってますから……」というリアクションでしたが，称賛は素直に喜んでいるようでした。そこで，〈ちなみに，後輩さんは2時間くらいかかると予想していたかどうか……いかがでしょうか〉と，再び後輩とクライエントの認識のズレを検討してもらうよう促しました。

　すると，「後輩が困っていたので声をかけたら，向こうからどうしたらよいのかと指導を求めた。自分も後輩がどこまでわかっているのかいないのか探りながらなので，時間は特に話し合わずに教え始めた」ということでした。ここから少し，後輩とご自身に所要時間の認識にズレがあったことが，クライエントにも見えてきた様子が見て取れます。

　そこで，〈丁寧に（私に）教えてくださってありがとうございます。なるほ

ど……そうでしたか……〉とリアクションをしてから，後輩との認識のズレ
について自発的に考え始めるか，様子を見ていました。ただ，クライエント
の次のアクションとしては，「高度な内容なので」と，2時間要した理由の話
になり，ご自身で時間をかけたことに納得しようとする方向に向かいまし
た。どうやら2時間要したことを「良くなかった…」と感じ，自己評価を気
にするサルの脳が，悲鳴をあげかけているようです。

　この展開は，「後輩からの尊敬について考える」というウェルフォームド・
ゴールという点では，やや回り道のように見えます。しかし，クライエント
のサルの脳にとっては必要なプロセスのようです。そこで，傾聴という形で
サルの脳に協力しました。

　このように，ウェルフォームド・ゴールというタスクを持ったとしても，
そこにこだわって，私たちの脳をタスクポジティブネットワークに偏らせて
はいけません。私たちは適時デフォルトモードネットワークに切り替えて，
クライエントのニーズを捉えることが必要です。

(7)　現実の再検討（欲求と圧力）とプロセッサの編集，上書き保存

　やがて，「高度内容を2時間程度で伝えることができた」と，サルの脳が
納得してきたように見えました。そこで，後輩との認識のズレについて，〈後
輩さんはどう思っていたのでしょうか〉〈あなたが新人だったころに同じよ
うにしてもらったら，どう感じたでしょうか〉など，熟慮をサポートする質
問を行いました。その結果，徐々にクライエントなりに熟慮が進み，欲求と
圧力がわかってきました。

　クライエントは後輩に対して，「自分の指導を受け入れて，尊敬してほし
かった」「技術と経験を身につけようと，もっと積極的に食いついてきてほ
しかった」という欲求がありました。しかし，後輩はクライエントを避ける
ようになってしまったので，後輩の態度がクライエントの欲求への圧力に
なってしまっているのです。

　ここで，欲求と圧力へのさらなる直面化を促すために，〈後輩にはいろい
ろと期待をかけていたというか，目をかけていたというか……〉とコメント

しました。直面化の促しはクライエントを脅かすリスクがあるので，慎重に行う必要があります。しかし，ここまでじっくりと考えてきていただいているので，心のシアターでは問題に関連するプロセッサ[*4]が，編集可能な状態になっていると考えられます。変化のステージを進んでいただくという意味では，ここはチャンスです。

カウンセラーが安心感を提供できていれば（第4章参照），サルの脳やウマの脳が反応しない状態で，意識のスポットライトを「問題」に当てることができます。そうすると，相対的にヒトの脳で建設的に問題を考えることができるようになり，いわゆる「洞察が深まる」という現象を期待できます。また，意識のスポットライトを当てている時間は一種のエキスポージャーでもあり，脱感作（修正感情体験）も期待できます。そこで，直面化をさらに促すコメントを入れました。

(8) 現実受容の限界と次のフェーズへの展開

クライエントが再び後輩に対して不機嫌そうに語るだけになった場合は，他の展開に移動することも考えていましたが，幸いクライエントは「（後輩に）期待しすぎていたのかな……」と，ご自身について考え始めました。どうやら，筆者の洞察と脱感作の期待に応えてくれたようです。

その後の展開としては，憤ることなく後輩の態度の意味を考えていました。そこで，ある程度は後輩の態度を受容（現実受容）できる可能性が感じられたので，〈今は後輩さんがどのように見えているでしょう？〉と，質問してみました。

すると，「私ならもっと教えてほしいと思って，逆に先輩に教わりにいくところですが……，彼はそういうタイプではないのかもしれない」と，自分

[*4] 心のシアターにおけるプロセッサは固定されているものではない（たとえば月元，2013）。活性化（想起）されるたびに編集可能な状態になり，編集結果が「上書き保存」される（杉山ら，2015）。熟練の良いカウンセラーとは，クライエントにとってより良い編集のできるカウンセラーである。ただし，「良い」の判断は価値観の問題が関わるので，熟練のカウンセラーを目指すなら，価値観の幅を広げる必要がある。

との違いを受け入れ始める予兆が見えました。ある程度は現実検討，問題の再定義を通して現実受容が進んだようです。

　ただ，ここまでで部分的に現実受容ができたものの，「失敗に学ぶ」などの変化の準備に至るような検討には至っていません。「2時間要した」あたりのサルの脳の反応から感じられるように，自己評価が脅かされるような現実検討は好まないようです。ご自身の失敗について考えていただけるかどうかは，判断が難しいところです。

　また，このケースの場合は，今後の後輩を指導するうえでの「やりにくさの軽減」という課題が残っています。今後も後輩に指導をしなければならないので，何かを変えなければなりません。そこで，現実検討をこれ以上続けるのではなく，カウンセリングのロードマップを進めて，問題解決のフェーズとしての変化の準備，実行に向かっていただく方向を取りました。

　さあ，次の章ではいよいよ問題解決フェーズ，何かを変える試みへと私たちも進むことになります。

第8章

問題解決という壁
：「これまでの物語」から「これからの物語」へ

　ここでは，第7章の事例と，さらに二つの事例を通して，問題解決フェーズの実際問題を考えてみましょう。まずはこのフェーズの概要を解説しましょう。

1. 問題解決フェーズでは技法を活かせる

　表8-1の「主な方法・技法」欄は，筆者自身が比較的よく活用する技法を列挙したものですが，技法はそれぞれにターゲットがあることがわかるでしょう。活用可能な技法はこれにとどまりませんが，あなたが学んできた技法が何をターゲットに構成されているのか確認しておくことを勧めます。また，対応力の幅が広いカウンセラーを目指すのであれば，認知，行動，感情，環境や周囲との相互作用，体験様式や注意の方向性，それぞれにアプローチ

表8-1　問題解決フェーズで活用可能な方法・技法の例

階層	心理カウンセリングのフェーズ	主な方法・技法	変化のステージ
step 2	問題解決（何かを変える試み）	認知：情報提供／心理教育／認知再構成／スキーマセラピー，など 行動：行動活性化／自己強化／行動実験，問題解決療法，など 感情：修正感情体験，感情焦点化療法，脱感作，エキスポージャー，など 環境・相互作用：対人関係療法／システムズ／環境調整，など 体験・注意：フォーカシング，マインドフルネス，など	変化の準備→実行

できる技法を一つは習得しておくほうが良いでしょう。今後のカウンセラーとしてのトレーニングを考える，手がかりにしていただけると幸いです。

2. ケースフォーミュレーションと見立て

ケースフォーミュレーションは，何かを変える技法のデパートとも言える認知行動療法で，特に検討されています。しかし，どのような方法論を採っていたとしても，このフェーズにおけるカウンセリングでは必須の事柄になります。クライエントとカウンセラーというチームがこの先「何をすれば，何が起こるのか」を見立てていなければ，道に迷うかのようなカウンセリングになってしまうからです。もちろん，クライエントが自発的に建設的に考えられる方であれば，クライエントに見立てていただいて，私たちはその応援をしながら参謀のように存在する，というカウンセリングが良い場合もあります。しかし，必要に応じて，私たちからクライエントに提案できるスキルは，身につけておきましょう。

認知行動療法ではさまざまなケースフォーミュレーションが考案されていますが（たとえば Persons, 2012），第1章では生物・心理・社会モデルの，特に心理と社会の相互作用を扱うことを解説しています。図8-1は，心理と社会の相互作用をより詳しくアセスメントするために，筆者が考案して活用しているものです。必ずしも，この概念図にこだわる必要はないのです

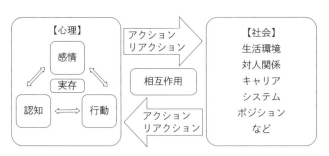

図8-1　心理と社会の相互作用

3. エンジニアのケースのケースフォーミュレーション

　ここで，第7章のエンジニアのケースでわかっている範囲のことを図に落とし込むと，図8-2のようになります。クライエントと後輩はその後のコミュニケーションがないので，後輩が実際のところ何を考えているのかは不明ですが，クライエントを避けるというリアクションだけはわかっています。

　問題解決フェーズで重要なことは，変化しやすいところ，変化が困難なところの見極めです。認知行動療法ではクライエントとカウンセラーが，このような図を一緒に描いて話し合いながら検討するという展開も多いのですが，本書ではワークシート的なものは活用せず，カウンセラーの頭の中でこのように整理しているという形で解説を進めます[*1]。

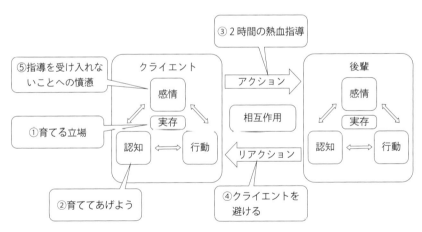

図8-2　エンジニアのケースのケースフォーミュレーション

[*1] なお，ワークシートに馴染みにくいクライエントもいる。また，展開によっては，ワークシートは不自然で，「異物」（神田橋，1990）のようにクライエントに体験される場合もある。これらのことから，筆者は認知行動療法的な方法論を活用するにしても，ワークシートに頼らずに展開できるスキルも，身につけておいたほうが良いと考えている。

(1) 変化の準備と実行のイメージ

このケースでは，〈後輩さんとあなたとの違いが見えてきた……，そんな感じでしょうか〉と確認の質問をし，多少の受け答えをいただいたあとで，〈後輩さんとは，今後もご一緒に仕事をすることになりますよね……〉とコメントの形で，今後の変化の準備に向けた考える方向性の提案を差し上げました。すると，とても複雑な表情をなさって「うーん…」と唸り，何かを考えておいでのようでした。

このような展開の場合は，ある程度自発的な変化を期待できるので，そのサポートになるような質問やコメントを心がけます。その後は次のように展開しました。

Cl：仕事がわかってくると，もっと面白くなると思ったのですが……。後輩に期待しすぎていたかもしれません。残念ですね。

Co：そうですね……残念ですね……（「残念」とくくることの検討も必要だが，ケースフォーミュレーションに基づき「育ててあげよう」という認知への検討を優先する）。育てる立場……というお話もありましたが，そのあたり，この後輩さんに対しては今のところはいかがでしょうか？

Cl：うーん（再び唸り始め，しばし考え込む）。こんな態度を取られるなら，無理に育てなくてもよいのかもしれない……なんて考えちゃいますね（「育ててあげよう」に変化の兆しが見える）。

Co：そうですね……。この後輩さんに対しては，無理しなくてもいいかなあ……と思ってしまいますよね（あくまでも，話題の後輩限定という前提の，確認の意味も込めたコメント）。

Cl：ひとまず，向こうが避けるなら，私も避けようと思います。仕事でどうしても関わらないといけないときもあるので，そういうときに様子を見ようかと思います。

第8章 問題解決という壁:「これまでの物語」から「これからの物語」へ

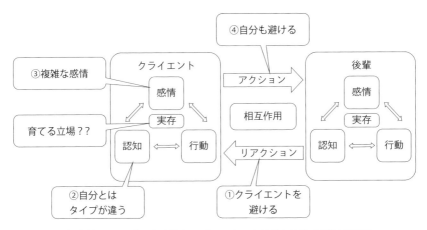

図8-3 問題解決フェーズにおけるクライエントの自発的な変化の検討の結果

　ここで,「育ててあげよう」という認知が,「無理に育てなくてもいい。様子を見よう」に変わり,感情もずいぶんと変わったように見えました。また「後輩を避けつつ様子を見る」,すなわち「距離を取って相手を観察する」というアクションプランも見えてきました（図8-3）。これは変化のステージでいうところの,変化の準備,実行についての言葉です。このアクションを本当に実行できたら,それなりに穏やかにお仕事ができそうです。

(2) クライエントの変化はこれで十分なのか

　さて,後輩との関係については,当面はこれ以上悪化するようなことはなさそうです。ご縁（治療外要因）があれば,関係改善のチャンスもありうるでしょう。

　ただ,このクライエントは「後輩に期待しすぎていた」という内省はしたものの,自分の指導のやり方については「高度な内容を2時間で指導できた」と肯定しているだけで,まったく見直していません。後輩を「残念」という評価でくくってしまっていますし,人のせいにしているようにも見えます。

　さらに,「育てる立場」という自負は良いのですが,「適切な育て方」の検

討もしていません。同じようなことをくり返す可能性もあります。クライエントの幸せを願うカウンセラーとしては，もう少し変化をサポートしたいところです。

そこで，指導のやり方について考えてもらう試みの導入を考えました。もちろん，本人がその気にならなかったら，今はその機会ではないということなので，話の方向を変えることも視野に入れつつ，次のように言葉をかけました。〈ところで，他の後輩さんに対してはどうでしょう〉。

すると，再び「うーん」と唸り始めました。考えようという意志を示してくれていると解釈できました。そこで，〈ああ，すみません。難しいことを聞いてしまったかもしれませんが……〉などと，困っていることに共感しつつ，検討の意志のサポートを試みました。そして，適時，考えていただくためにほぼ黙って待ちました。

(3)　困惑は変化の兆しだが，クライエントの余力への配慮も必要

やがて，「うーん，また同じようになっても嫌なので，次は慎重に指導しようと思いますが……」「どうしたら良いのかはイメージが湧かないですね」という，困惑が感じられる返答でした。また，「自分も昔は……」と，ご自身も先輩や上司に同じように育てられたというお話もありました。「自分とは違うタイプ」の方の指導を考える手がかりも思いつかない……と，少々途方に暮れている様子も感じられました。このことから，後輩を育てる意欲はある一方で，今回のことで少し自信を失っている様子が伝わってきました。また，途方に暮れ気味ではありますが，「どうしたら良いのか」という改善策に，反応する可能性も垣間見えました。

ここで，本当に改善を求めているとしたら，内省を促すチャンスです。本当は求めていなくてカウンセラーに話を合わせているだけという可能性もあるので，慎重になる必要はありますが，カウンセラーとしてはこのチャンスは活かしたいところです。クライエントの希望の確認が必要ですが，改善，すなわち良い変化をクライエントが求めているのであれば，変化のステージをさらにより良く進んでいただけます。

そこで，この困惑を続ける余力がクライエントにあることを確認するために，〈ごめんなさいね，難しいことを尋ねてしまったようです。困らせる気はなかったのですが……〉と困惑に配慮するコメントをしました。すると，「いえ，大丈夫です」とお答えになったので，本当に大丈夫か確認したうえで，〈もう少し，ご一緒に悩ませていただいていいですか〉と話を進めました。

(4) 適切な内省には適切な情報が必要である

ここで少々話が変わりますが，あなたは内省には何が必要だと思いますか。多くの答えがありえますが，その一つは「情報」です。なぜ内省に情報が必要かというと，内省には何らかのアンカー（準拠枠，基準）が必要となるからです。アンカーについての情報がない状態では，何に基づいて顧みればよいのかわからないので，内省が困難です。

なお，達成が難しいと思われるアンカーは，人を追い詰めるものになります。一方で，達成可能と思えるアンカーなら，新たなウェルフォームド・ゴールになりえます。ウェルフォームド・ゴールは，カウンセリングのアライアンスの中だけのことではなく，クライエントの日々を導く指標として必要なものなのです。そこで，筆者の専門性の範囲[2]で，後輩の指導に役立ちそうな情報提供を試みることを考えてみました。

(5) デフォルトモードネットワークを働かせて情報ニーズを慎重に探る

とはいえ，カウンセラーの脳をタスクポジティブネットワークに偏らせて，一方的な情報提供を行ってはいけません。そこで，まずはカウンセラーの中のデフォルトモードネットワークの活性化を心がけつつ，改善策を求める意志を確認しました。

---

[2]　ここで提供できる専門的な情報について，すでに本書で紹介した心と脳についての知見の範囲内でも二つある。一つは本章の（6）で実際に提供した意識の容量（第3章参照），もう一つはタスクポジティブネットワークとデフォルトモードネットワークの相互抑制関係（第3章参照）である。後者は「クライエントがタスクポジティブネットワークに偏り，後輩のリアクションを感じ取れなかった」という可能性を内省のアンカーとする展開である。

〈もし，あなたが自分とは違うタイプの後輩も育ててあげようというお気持ちがあるのであれば，お役に立つかもしれない話があるのですが……。後輩の指導について，今はどうお感じになっていますか〉

すると，「正直，無理はしたくないという気持ちもあります……。私のやり方で育つ人が育てば良いというか，みんなを育てる必要もないというか……」とお話になりました。ご自身の「育ててあげよう」という自負を，「自分のやり方で育てられる人を育てよう」という方向に見直す展開になっていました。まずは，この展開におけるクライエントの文脈を，より詳しく教えていただく必要がありそうです。

クライエントの言葉にあった「無理はしたくない」について，もう少し詳しく教えてくださるように依頼すると，「食いついてこないタイプの後輩とは距離を取りたい」「私にも後輩にも無理のない指導」「タイプが違う後輩に長い時間をかけるような，無駄な時間は使いたくない」というお言葉がありました。筆者が提供しようと考えていた情報提供の内容（本章の脚注＊2参照）は，この文脈にフィットするのかどうか，改めて検討する必要がありそうです。

この文脈におけるクライエントのニーズをさらに教えていただくために，明確化の質問（閉じた質問）をしてみました。
〈うかがっていると，後輩のタイプを見極めて，ということをお考えのように聞こえてくるのですが……。そういうお気持ちなのでしょうか？

この質問へのお答えとしては，「見極めたいが，その方法はこれから探すことになる」「ヒントになりそうな話があるならほしい」という旨でした。後輩のタイプを見極める方法についてのニーズが浮上してきたので，このニーズに沿うものとして心理学的な情報提供ができれば，お役に立てる可能性が見えてきました。

(6) 情報提供（心理教育）の実際

そこで，〈であれば，お役に立ちそうな心理学のお話があるのですが〉と，改めて情報提供の提案をしました。クライエントは「ぜひ聞きたい」と興味

第8章　問題解決という壁：「これまでの物語」から「これからの物語」へ　*141*

を示したので，次のように提供しました。

　〈どんな指導がはまるかは個人差がありますが，指導を受ける側にはみんなに共通したものもあります。実は，人が一度に理解できる初見の情報の容量には限界がありまして〉と，意識の容量（4±1：第3章参照）について手短に解説しました。すると，「ああ，なるほど。確かに言われてみるとそうですね」と，実感を持ってくれたようです。

　提供した情報を理解していただけそうなので，より具体的に，次のように続けました。〈基本的に3項目以内であれば，スムーズに理解できるようです。まずは，最も重要な事柄を三つ以内に絞って指導して，相手の様子を見るようにするのはどうでしょう。理解できたか……とか，食いついてきてるか……とか……。イメージできそうでしょうか〉。すると，「ああ，なるほどね。うんうん」と，後輩に指導している自分をイメージしてくれている様子で，「ちょっと試みてみたいと思います」と，提供した情報の活用に前向きな姿勢を見せてくれました。

　この方は，この後も何度か来談していますが，そのなかで，避けられていた後輩にやむを得ず指導をする機会があったそうです。その際には，まずは3項目以内に絞って指導し，様子を見てみる試みができたようです。すると，後輩のほうからさらに質問してくる流れになり，「（この後輩は）食いついてこない」と思っていたクライエントは，「少し驚いた」とお話くださることがありました。また，「あのときは，情報量が多すぎたのかも……」と，自発的に過去の自分を顧みるようなお言葉もありました。その後輩とのコミュニケーションは改善し，今では自然に指導できているようです。

(7)　その後の情報提供の効果

　後輩に避けられて間もないカウンセリングの中では，かつての「唐突に始まった2時間の熱血指導」を直接的に顧みることはありませんでしたが，人は嫌なことほどよく覚えるように作られているので，忘れてはいないでしょう。推測になりますが，話題にのぼった後輩に指導したときにかつての熱血指導がリマインドされ，無意識下で静かな内省が行われたと考えられます。

その結果，その後のコミュニケーションの改善に至ったのでしょう。

　このように，クライエントの文脈におけるニーズに沿った形で行う情報提供（心理教育，助言）は，クライエントの変化のステージを後押しする場合があります。カウンセラー側がタスクポジティブネットワークに偏らないように注意が必要ですが，問題解決フェーズに入れないカウンセリングでは，このような効果は見込めません。熟練のプロフェッショナルを目指して，問題解決フェーズで活用可能な技術を日々，磨きましょう。

4. 子どもの問題行動に悩む母親の「慈母転移」に対応したケース

　「子どもの問題行動と関わり方」を主訴に来談した母親が，カウンセラーが丁寧に傾聴するなかで，途中から明らかに様子が変わってきました。そして，「先生とお話していると，なんだか不思議な気分になってきました」と訴えました。不思議な気分について詳しく教えていただくと，「お母さんに話を聞いてもらっている気分になった」ということでした。クライエントは「子どものことで相談に来ているのに」と言いつつも，このことについて，「もっと聞いて」と訴えているような雰囲気もありました。

(1) 変化のステージのどこに焦点を当てるべきか

　ここで，カンセリングの展開としては二つの方向性がありました。一つは主訴に沿った形で，母親としてのこの方に注目するアプローチです（表8-2右上）。この方向であれば問題行動を中心にしたケースフォーミュレーションを通して，環境調整などの子ども中心の問題解決フェーズとして展開する方向で，ラ・ポール／アライアンスを作ります。母親としての自覚を促すようなカウンセリングになります。

　もう一つは，「お母さんに話を聞いてほしい子ども」に注目するアプローチです（表8-2右下）。この方向であれば，この方自身のカウンセリングという展開になります。この場合，この方を一時的に退行させ，「大人の中の子ども」を扱うという，かなり治療的なアプローチをすることになります。

第8章　問題解決という壁：「これまでの物語」から「これからの物語」へ　　*143*

表8-2　クライエントの変化のステージとカウンセラーの対応

階層	カウンセリングのフェーズ	変化のステージとの対応
step 2 ↓	問題解決（何かを変える試み）	変化の準備→実行
↑ step 1 ↓	現実検討→現実受容	熟慮（自覚）を深める
↑ step 0	関係構築	熟慮前（無自覚）から熟慮（自覚）へ

カウンセラー ─ 子どもはいつも… ／ お子さんの問題行動についてもっと詳しく… ─ 母親

カウンセラー ─ お話，聞かせてね ／ 私のお話，聞いて… ─ お母さんを求める子ども

　このケースのニーズとしては，どちらのアプローチを優先すべきでしょうか。筆者が受けてきたトレーニングの中には，基本的には表の右上の対応を取りつつ（「子ども」の願いに応じない），時に右下の対応を入れる（「子ども」の願いに応じる）ことで，クライエントを葛藤させつつ現実検討を促すという学派もありました。むやみに退行[*3]を促さないというアプローチです。

　私もこの学派の考え方には，一理あると考えています。しかし，大事なこ

＊3　精神分析的アプローチにおける防衛機制の一つで，子ども時代の心理状態に戻ることの全般を表す。境界性パーソナリティ障害のように，非現実的な期待をカウンセラーに持ちがちなクライエントの場合は，退行させることには慎重になる必要もある。その場合は，現実検討フェーズ，問題解決フェーズから始めるのは合理的と言えるかもしれない。しかし，境界性パーソナリティ障害の出現率は，精神科領域ではその可能性は高くなるが，一般的には1.6％とされている（DSM-5）。また，"母親"の役割にコミットしようとする姿勢も感じられ，パーソナリティ傾向としては相対的に境界性パーソナリティ障害に陥りにくい，真面目性パーソナリティ（役割を真面目にこなすことで，愛情と承認を得ることを求める生き方）（たとえば，Cloninger et al., 1997）と考えられるので，このケースでは本文のような展開を選択した。

とはクライエントの、そして事例のニーズに沿うという、本当の意味での「来談者中心」の姿勢です。その学派のように、クライエントの欲求や願望に応じるような応じないような姿勢、言い換えれば「焦らす」ような対応も治療的かもしれません。しかし、クライエントの中の子どもに泣き止んでいただくほうが、スムーズに母親としての実存を充実させられるのではないでしょうか。

　もちろん、子どもの問題行動の深刻度が高い場合や、構造的な制約が強いカウンセリングであれば、表8-2の右上の展開しか取れないという場合もあります。ただ、カウンセラーの眼の前に居るのは、「子どもに困っています」という母親ではなく、「もっと聞いて」と訴える「子ども」でした。特に制約がないのであれば、右下の展開から始めることが、より望ましいと考えられます。このケースではそれが可能でした。そこで、「不思議な気持ち」について、さらに詳しく教えていただくようにお願いしました。

(2) ウェルフォームド・ゴールは「お話を聞く」こと：サルの脳とウマの脳を癒す傾聴

　この場合、特に明言はしていませんが、ウェルフォームド・ゴールは、もっと「お話を聞いて」にカウンセラーが応じることになっています。

　少し話が広がりますが、子ども時代に親に愛されていないと感じることは、自尊心を損ね、多くの場合でサルの脳が悲鳴を上げることになります。また、多くの場合で、「親に愛されていない、祝福されていない私」がこの世に愛されるはずない、と感じさせられます。

　この世に歓迎されていないということは、社会的排斥のリスクを感じることにもなります。すると、ウマの脳も悲鳴を上げることになります。つまり、ここで「もっと聞いて」に応じること、すなわちカウンセラーに大切にされているという体験は、悲鳴を上げているサルの脳とウマの脳を癒すことになるのです。

　また、ずっと「私の話は聞いてもらえない（誰も私に話を聞く価値を認めていない）」と感じて、生きてきたと考えられます。このクライエントは、自

分の価値を周りの他者に承認され，祝福されることに飢えているようです。ということは，「ここ（カウンセリング）で話し，カウンセラーに祝福されることで，自己価値を回復できる」と実感していただけると，「これまでの苦悩が消滅する」というプラシーボにもなります。この方のヒトの脳も，活き活きとすることでしょう。そこで，「もっと聞いて」に応じることにしました。

(3) 大人の中の子どもとの対話

多くのことをお話しくださいましたが，総合すると，「お母さん」は幼児期から甘えることを許さなかったそうです。子どもらしく「あのね，それでね」と語って，「うん，うん」と温かくお話を聞いてもらった記憶もありません。そういうものだとあきらめていましたが，幼稚園や学校の友達とそのお母さんの様子を見ると，よそのお母さんはちゃんと優しく，友達のお話も聞いていました。

「友達はしてもらえているのに，私はしてもらえない……」，それが幼稚園児の頃から悲しかったのですが，小さい子どもに自己主張はできません。ずっと我慢して黙っていたそうです。やがて言葉も上手になってきたところで，10歳くらいの頃に，思い切って泣きながらお母さんに訴えたそうです。ですが，「私は生きていくだけで精一杯だった。あなたを甘えさせる余裕はない。人並みのケアはしているのでこれで満足して」というお返事でした。この方のお気持ちには，まったく応じてくれなかったそうです。

ずっと忘れていた（考えないようにしていた）ようですが，「私が子どもにしていることは，私が子どもの頃にしてもらえなかったことだなあ」と感じながら，モヤモヤしながら子どもに接してしまっているかもしれない……とも。そして，カウンセラーが提供する母性的風土に反応して，その頃のこの方のお気持ちが，かなり鮮明に蘇ってきたようです。

(4) ケースフォーミュレーションと見立て

このカウンセリングの場面についてケースフォーミュレーションすると，図8-4のように表せるでしょう。まず，クライエントの実存の部分に，「10

歳の泣いている私」が居るようです。そして，わずかな時間の母性的風土の提供に反応したように，かなりの強度で母性に飢えた状態だったことがわかります。

これまでは，（お母さんにとっての）良い子のペルソナ，あるいは妻としてのペルソナ，そして母親としてのペルソナ，などの奥に閉じ込められていたと考えられますが，子どものケアをする中で刺激されてきたのでしょう。もう隠れてはいられない……となったのだと考えられます。

しかし，母親として子どものケアをするなかでジワジワと刺激され，顔を出すチャンスをずっと探していていたのでしょう。もしかしたら，「10歳の私」が救われないと，今のご自身の実存，たとえば母親としての実存も，この影響で整えられないのかもしれません。

(5)「泣いている子ども」に泣き止んでいただく試み：修正感情体験と感情焦点化療法

カウンセラーは上記のようなケースフォーミュレーションを頭の中で描きつつ，〈そうでしたか……。10歳くらいのあなたが，ずっと独りで泣いていたのですね……。そして，そのことがお子さんのあなたの態度にも影響してい

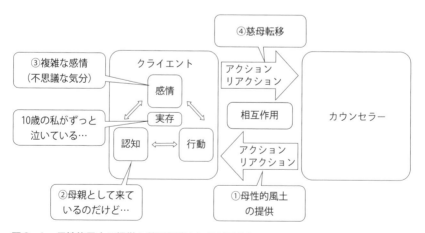

図8-4　母性的風土の提供と慈母転移というリアクション

第8章　問題解決という壁：「これまでの物語」から「これからの物語」へ　147

るような……〉と，クライエントの心のシアターへの理解を確認するコメン
トをしました。すると，「はい……。私，どうしたら良いんでしょう……」
と，少し途方に暮れたような困惑をお示しになりました。そして，「母親とし
て，ちゃんとしないといけないのですが……」ともコメントしました。どう
やらクライエント自身も，母親としての自分と，泣いている10歳の自分の両
方がいることに，困惑しているようです。

　そこで，〈お話をうかがっていると，私には10歳くらいのあなたがずっと
泣いているように見えてきました……〉と，図8-4の内容を共有して，〈「10
歳のクライエント」に泣き止んでいただくことが必要かもしれませんが，い
かがでしょうか〉と，クライエントの中の子どもについて考えていただきま
した。

　クライエントは，「お母さん」は認知症になって，別人のようになってし
まっていることもあって，子ども時代のことについては，考えることすらも
あきらめていたようです。しかし，あきらめて眠らせていたはずの自分が，
蘇っているのも事実です。「そんなことができるなら……」と，ご一緒に考え
ることになりました。

　しばらくはクライエントが好きなものを持ってきて，「あれはね，これは
ね」と，やや退行気味に，ですが楽しくお話くださるセッションが続きまし
た。一種の修正感情体験になったと考えられます。

　しかし，カウンセラーが提供する母性的風土は，10歳の彼女が求めている
ものそのものではありません。良い意味で，少しずつがっかりしてくださっ
たようです。カウンセラーを相手に退行するような時間は少しずつ減り，子
ども時代の自分の回想が増え，自己理解が徐々に深まっていきました。

　そこで，感情焦点化療法（Greenberg, 2017）と呼ばれる方法が合うかもし
れないと提案したところ，「ちょっと怖い気もするけど，10歳くらいの自分
と向き合ってみたい……」と関心を示したので，試みていただきました。エ
ンプティチェア[*4]に10歳の自分を映し出して語りかけるうちに，最後は涙
ながらに自分を抱きしめる……という展開に至りました。

(6) クライエントの変化のステージとニーズに沿うことの効果

　筆者の表現になりますが，感情焦点化療法を試みたセッションの終盤，密かに泣いていた10歳の子どもは成仏して，笑顔の10歳に生まれ変わってくれたように，クライエントの表情は活き活きとしていました。その後はお子さんのお話が中心になり，問題行動とされていた行動はなくなりました。

　このように，クライエントの変化のステージに沿って，必要とされているカウンセリングのフェーズを提供することで，クライエントにとってより自然で無理のない展開が起こりえます。

5. 症状の存在を案じさせる「自分」を見失う男性のケース

　次は，自分を探しているタイプのケースで，問題解決フェーズを考えてみましょう。以下のように訴える男性が相談に来たと，想像してみてください。

(1) ケース概要

　30歳前後の男性会社員。独身。主訴は「自分のあり方について考えたい」。学生時代，ゼミナール教員の勧めで，国内ビジネスコンベンションに参加して，現在の勤務先の社長に出会う。将来の目標が定まらず悶々としていたが，社長の人生観，仕事観，そして創業から今日までの物語に感銘を受け，社長をロールモデルと慕うように。直談判して学生バイトとして雇用される。

　就職活動では，この会社が新卒は採らない方針のため，他社から内定も得る。しかし，この先を考えたときに，愛着のあるこの会社に勤めたい気持ちに気づき，「正社員にしてほしい」と再び社長に直談判。前例がないので採用

＊4　ゲシュタルト療法で始まったとされる技法。まず，空の椅子に自分自身，または重要な他者（家族など）が座っていると想像してもらう。想像上の人物に話しかけ，様子をうかがい，そのなかでクライエントの中で湧き起こる感情体験をカウンセラーと共有するなどを行う。

されなかったが，社長からこの会社から分岐したベンチャー企業（大手企業がテコ入れしたため，現在の資本関係は薄い）を紹介され，入社する。

この企業は，入社当時の業績は好調だった。しかし，入社5年目でマーケットが飽和状態になり，成長が鈍化。上層部は，技術革新による事業効率化と人員費削減で成長を目指す方針に転換。優秀な人から将来性に見切りをつけて次々と退職。

本人も転職を考えて，現社長に再びコンタクトを取った。すると，5年間の実績を評価してもらって，現職の採用選考をしてもらえることに。その結果，念願かなって，今の勤務先でロールモデルと慕う社長のもとで働けることになる。

転職後は，将来的には社長の右腕のような存在になることを目指して，必死に働いた。一部の古参幹部には懐疑的に見られながらも実績を挙げ，社長からも一目置かれるようになり，対外的には代役を任せられることも。社内では若手のホープと見なされ，一時は日々が充実していた。

しかし，社長との距離が近くなるほど，社長による会社の私物化，古参の幹部に言っていることと自分に言っていることが違うこと，また著名人との派手な交流を好み，その費用を経費化するなど，人としての実態が見えてくる。そして，社長をロールモデルとすることに疑問を感じ始めた。業績の伸び率も鈍化の傾向があり，彼が見込んだ新人も退職してしまうなど，企業としての価値にも疑問を感じ始めた。

すると，連鎖的に，さまざまな自分についての疑問も浮かび，今の人生で良いのだろうかと，悩み始めるようになる。寝付けない夜を過ごすことも増えた。一つの失敗が致命的になる社風の中で緊張感を持って働いているが，集中できない毎日で，日に日に気が重くなり，鬱々とした気分がなかなか晴れなくなった。一人で考えていると気が滅入るだけなので，一緒に考えてほしい。

(2) 症状に注目しすぎても，リファーを焦りすぎてもいけない

さて，何やら心のシアターには多くのアイテムが飛び交い，非常に賑やか

なことになっています。そして，その中で，さまざまな感情も溢れているようです。また，何やらうつ病の症状を感じさせるようなお話もあります。あなたならこの事例のどこに注目して，ウェルフォームト・ゴールにつなげますか。

　一つ，間違ってもやっていただきたくない対応は，「症状を感じさせる，即，精神科医へのリファーを考える」という対応です。リファーはケースのニーズにおいて，精神科医の専門性[*5]をどのように活用できるか考慮しながら，検討する必要があります。また，リファーという「課題」にカウンセラーが心を奪われると，タスクポジティブネットワークの影響で，クライエントが見えなくなります。筆者の印象では，このことも中断が起こりうるパターンの一つのようにも思えます。

　一部では，「症状が緩和するまでは，人生における大事な決断はしないほうが良い」という考え方が説かれているようです。もちろん，この視点が重要なケースもありますが，重大な決断を巡るモヤモヤが，症状の主要因になっているケースもあります。変化のステージの進み方にも，現実検討力にも，個人差があります。症状があるかのように見えても，現実検討と変化のステージが展開しているケースの場合は，重大な決断を巡るカウンセリングが適している場合もあります。このケースは，そのようなケースの一つと考えられるので，症状を話題の中心にはせずに進めました。

(3)　ケースフォーミュレーションと実存，ウェルフォームド・ゴール

　ウェルフォームド・ゴールの共有に向けて，この男性のお話をもとにケースフォーミュレーションを行ったものが，図8-5です。ご覧のように，社長と勤務先を少々美化して，憧れのロールモデルや愛着ある所属先にするこ

[*5]　精神科医は，診断，薬の処方，症状の管理責任，社会的に効力のある意見書の発行，入院設備のある病院の場合は財産権への関与など，法律や制度を背景としたさまざまな独占業務を行える。一方で，私たちが行うようなカウンセリングのトレーニングを受けていない場合もあり，必ずしも人間観と支援のイメージを共有できるわけではない。リファーを検討する際には，これらの医師の独占業務の何を期待して，どのように活用するか，クライエントと話し合うことが必須である。

とで，実存（生きる意味）を満たしていたことがわかります。言い換えれば，実存の大部分を，社長や勤務先に依存してしまっている脆弱性を抱えていたとも言えます。

エリク・エリクソン（Ericson, E.：1902-1994）のライフサイクルで言うところの「アイデンティティの危機」とも，本書で言うところの「ヒトの脳が展望を見失って悲鳴を上げている状態」とも言えそうです。ご本人も「今の人生で良いのだろうか」と疑問に思っての来談ですので，この方向で考えるのが良いでしょう。とはいえ，まだまだ漠然としています。

このような，自分についての理解が不十分と考えられるクライエントは，自己理解，特に自分自身の感性や価値観がわかっていないことが多いものです。そこで，step 0，関係構築フェーズに立ち戻って，「感性・価値観の理解」をクライエントに馴染みそうな言葉で言い換えて，当面のウェルフォームド・ゴールとします。ここでは，「あなたらしい人生をご一緒に見つけましょう」となりました。

(4) 「あなたらしさ」，自己理解の支援，これまでの物語

具体的な方法はとしては，まずは社長に出会ったときに感じたこと，次に

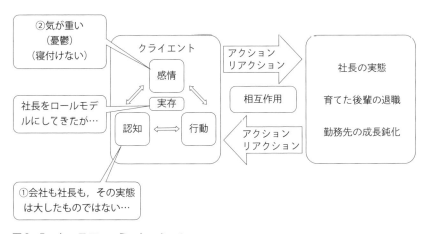

図8-5　ケースフォーミュレーション

子どもの頃の憧れのヒーローや，感動した映画やドラマ，利用頻度の高いメディアや娯楽，お気に入りの言葉（キャリアストーリーインタビュー：Savickas, 2007）などについて，対話を重ねました。また，生得的な脳内物質の代謝パターンが反映されていると考えられている，生き方の好み（持って生まれた生き方の好み）のアセスメント（杉山，2015a）などを実施して，相対的に客観的な指標も活用して検討もしました。

　その結果，知らない人への警戒心が強い一方で，理解し合える仲間同士で魅力的なコミュニティを形成し，できればその中に尊敬できる人がいて，自分自身もその中で尊敬されていたい，という感性・価値観が見えてきました。逆に，変化が激しい環境で課題を発見する主体性や，新しい挑戦を試みる……，といったことは苦手であることもわかってきました。どうやら，社長が尊敬でき，学生バイト時代からの愛着や業績好調なこともあって，今の勤務先に勤めることが，感性や価値観にとても良くマッチしていたようです。これが，この方の「これまでの物語」のようです。

(5) 「あなたらしさ」と「これまで」，そして「現状」のマッチング

　現状，この物語はどうでしょう。社長の存在感が輝きを失ったこと，勤務先への魅力が低減したことなどが，「社長を尊敬しながらこの会社に勤務する」という「自分と会社の幸せな物語」を，色褪せたものにしてしまいました。彼の中では終わった物語になりかけているのかもしれません。

　また，彼が現在のところ身を置いているビジネスの世界は，変化が激しく，主体性や挑戦が必要になることも少なくありません。彼が苦手な部分です。「社長への尊敬，社長からの評価」が支えになっていれば頑張れたかもしれませんが，支えを失うと，苦手感が増してきたところもあったことでしょう。これらのことも，「実存の危機に影響しているかもしれない……」というお話もありました。

　また，自己理解と並行して，社長の人柄についての自分との比較の中で考えてもらいました。すると，社長の感性や価値観は，クライエントと真逆に近いこともわかりました。自分にないところ，すなわち劣等感を抱いていた

ところに満ちている方が好意的に接してくれたことで，学生時代の出会いの
インパクトと，その後の尊敬につながっていた，という別側面も見えてきま
した。このように「これまでの物語」がかなり整理されてきました。

(6) 自己効力感・達成期待の醸成

　ここまで，これまでの物語を整理・再確認する展開になっていました。そ
の中でクライエントは，この物語に執着してきた自分への疑問を口にするよ
うになっていました。どうやら，これまでの物語は成仏しかけているようで
す。疑問を言葉にし尽くすだけでも数回の面接を要しましたが，最後はこの
整理を通して「自分らしさ」を発見し，ベンチャー企業と今の勤務先を通し
て身につけた経験の確認[6]ができました。

　さて，ここで今一度，ヒトの脳について考えましょう。ヒトの脳は展望，
プラシーボを必要とします。これまでの物語を成仏させても，展望やプラ
シーボ，つまり「これからの物語」がないと，ヒトの脳が悲鳴をあげます。
このクライエントがこれからの物語を描くには，何が必要でしょうか。

　自分のこれからを考えるためには，「動機づけ（motivation）」が必要です。
そして，動機づけを持つためには，達成期待[7]が必要です（杉山，2015b）。

　達成期待の環境や状況に帰属される部分は「結果期待」，自分に帰属され
る部分は自己効力感（効力期待）と呼ばれます（Bandura, 1977）。結果期待
の部分は共通要因アプローチでいうところの治療外要因に該当しますが，自
己効力感はカウンセラーとの相互作用で高めることができます。

　バンデューラ（Bandura, 1977）によると，過去の自分自身の達成経験を確
認し，その経験を称賛されることで向上します。そこで，このカウンセリン
グでも「あなたらしさ」について対話するなかで，達成経験の話が出るタイ
ミングでは，「あっそうだったんですね！　素晴らしいですね！」と，称賛す
るように努めました。第3章で解説した，養育的な存在感が伝わることが目
標です。その結果，クライエントはこれまで経験した業務の一つひとつの自

＊6　「キャリアの棚卸し」など。
＊7　結果を出せるという期待のこと。

己効力感だけでなく，経験がないことであっても粛々と進めるなかでスキルアップできる，つまりたいていの職業スキルは，時間をかければ身につけられるという，よりメタレベルの自己効力感に確信を持つことができました。

　ここまでのカウンセリングを通して，このクライエントは転職活動を決意しました。業界は広く考えて，彼が求める生き方にマッチしそうな方向を探りたいということで，学生時代は考えたこともないような公務員や公益団体，学校法人の職員なども視野に入れることになりました。このように考え始めたとき，来談時とはまったく違う清々しい顔になっていました。

6. 問題解決フェーズ，何かを変える試み

　本章では三つの事例の問題解決フェーズを解説してきました。このフェーズでは，「何かがより良くなるかもしれない」というワクワク感をクライエントに持っていただき，プラシーボを充実させることが重要です。しかし，大事なことは，カウンセラーのほうがワクワクしてしまって，自身の脳をタスクポジティブネットワークに偏らせないことです。タスクポジティブネットワークが働きやすいフェーズだからこそ，なおさらデフォルトモードネットワークを活かせるように心がけながら，カウンセリングを進めてください。

文　献

まえがき

Wampold, B, E. (2015). How important are the common factors in psychotherapy?: An update. *World Psychiatry*, **14**(3), 270-277.

第1章

Castonguay, L, G., & Beutler, L, E. (2006). *Principles of therapeutic change that work.* Oxford University Press.

Cuijpers, P., Driessen, E., Hollon, S. D., van Oppen, P., Barth, J., & Andersson, G. (2012). The efficacy of non-directive supportive therapy for adult depression: A meta-analysis. *Clinical Psychology Review*, **32**(4), 280-291.

Egan, G. (1986). *The skilled helper: A systematic approach to effective helping.* Thomson Brooks.

Engel, G. L. (1977). The need for a new medical model: A challenge for biomedicine. *Science*, **196**(4286), 129-136.

Frank, J. D., & Frank, J. B. (1961). *Persuasion and healing: A comparative study of psychotherapy.* Johns Hopkins University Press.

Husserl, E. (Kern, I. ed.) (1973). *Zur Phänomenologie der Intersubjektivität: Texte aus dem Nachlass Erster Teil: 1905-1920.* Springer.

伊藤絵美 (2008). 事例で学ぶ認知行動療法. 誠信書房

伊藤拓 (2014). ソリューション・フォーカスト・ブリーフセラピーの質問を用いる際の注意点. 心理学紀要 (明治学院大学), **24**, 63-74.

一般社団法人心理研修センター (2023). 公認心理師現任者講習会テキスト [改訂版]. 金剛出版

岩倉拓 (2018) 精神分析臨床における「0期」の大切さとセラピーの導入を巡って. 遠藤裕乃・佐田久真貴・中村菜々子 (編) その心理臨床, 大丈夫？——心理臨床実践のポイント. 日本評論社

Jung, C. G. (1953). *Two essays on analytical psychology.* (*Bollingen Series 20*). Pantheon Books.

河合隼雄・河合俊雄 (2018). 河合隼雄語録——カウンセリングの現場から. 岩波書店

Lambert, M. J. (1992). Psychotherapy outcome research: Implications for integrative and eclectical therapists. In J. C. Norcross & M. R. Goldfried (Eds.), *Handbook of psychotherapy integration.* Basic Books.

Lazarus, A. A. (1989). *The practice of multimodal therapy: Systematic, comprehensive, and effective psychotherapy.* Johns Hopkins University Press.

Millon, T. (1985). *Personality and its disorders: A biosocial learning approach.* Wiley.

Norcross, J. C., & Wampold, B. E. (2011). Evidence-based therapy relationships:

Research conclusions and clinical practices. In J. C. Norcross (Ed.), *Psychotherapy relationships that work: Evidence-based responsiveness 2nd ed.* Oxford University Press, pp. 423-430.

Prochaska, J. O., & DiClemente, C. C. (1983). Stages and processes of self-change of smoking: Toward an integrative model of change. *Journal of Consulting and Clinical Psychology*, **51**(3), 390-395.

Rosenzweig, S. (1936). Some implicit common factors in diverse methods of psychotherapy. *American Journal of Orthopsychiatry*, **6**(3), 412-415.

杉山崇 (2019). 事例で学ぶ働く人へのカウンセリングと認知行動療法・対人関係療法. 金子書房

杉山崇 (2021). 同化的統合アプローチ. 心理療法統合学会監修, 杉原保史・福島哲夫編 心理療法統合ハンドブック. 誠信書房, pp.70-84.

杉山崇 (2024). 心理療法は人工知能ではなく人が行う必然性と理論的虐待というリスク ——それぞれの同化的統合に向けて. 心理療法統合研究, **1**, 65-72.

杉山崇・前田泰宏・坂本真士 (編) (2007). これからの心理臨床——基礎心理学と統合・折衷的心理療法のコラボレーション. ナカニシヤ出版

杉山崇・巣黒慎太郎・佐々木淳・大島郁葉 (2012). 認知療法と治療関係. 東斉彰 (編著) 統合的方法としての認知療法——実践と研究の展望. 岩崎学術出版社, pp. 144-170.

第2章

Asch, S. E. (1946). Forming impressions of personality. *Journal of Abnormal and Social Psychology*, **41**, 258-290.

Chalmers, D., French, R., & Hofstadter, D. (1995). Preface4 the ineradicable Eliza Effect and its dangers: High-level perception, representation, and analogy: A critique of artificial-intelligence methodology. In D. Hofstadter & The Fluid Analogies Research Group (Eds.), *Fluid concepts & creative analogies computer models of the fundamental mechanisms of thought*. Basic Books.

Damasio, A. (2003). *Looking for Spinoza : Joy, sorrow, and the feeling brain*. Harcourt.

Husserl, E. (Kern, I. ed.) (1973). *Zur Phänomenologie der Intersubjektivität. Texte aus dem Nachlass Dritter Teil: 1929-1935*. Springer.

Jung, C. G. (1953). *Collected works. Vol. 12. Psychology and alchemy*. Pantheon Books.

岡田努 (2011). 現代青年の友人関係と自尊感情の関連について. パーソナリティ研究, **20**(1), 11-20.

末武康弘 (1986). 人格およびその変化をめぐる理論的課題——ロジャーズ派人格理論の推移の検討を中心として. 教育方法学研究, **7**(7), 137-159.

杉山崇 (2013). 治療関係の認知神経科学と心理学的現象学に基づく再検討——意識のワーキングメモリ理論と実行系における前部帯状回と前頭前野内側皮質の機能に注目した理論的考察と質問紙調査. 心理相談研究, **5**, 9-22.

杉山崇 (2014). 臨床心理学における自己. 心理学評論, **57**(3), 434-448.

杉山崇 (2015). 読むだけで, 人づきあいが上手くなる. ——「気まずさ」が消える心の絶

対法則．サンマーク出版

杉山崇（2019）．事例で学ぶ働く人へのカウンセリングと認知行動療法・対人関係療法．金子書房

杉山崇・前田泰宏・坂本真士（編）（2007）．これからの心理臨床——基礎心理学と統合・折衷的心理療法のコラボレーション．ナカニシヤ出版

第3章

Bachelor, A. (1988). How clients perceive therapist empathy: A content analysis of 'received' empathy. *Psychotherapy: Theory, Research, Practice, Training*, **25**(2), 227-240.

Baldwin, M. (2000). Interview with Carl Rogers on the use of the self in therapy. In M. Baldwin (Ed.), *The use ofself in therapy. 2nd ed.* Haworth Press, pp.29-38.

Bower, G. H., Gilligan, S. G., & Monteiro, K. P. (1981). Selectivity of learning caused by affectivestates. *Journal of Experimental Psychology*, **General** (110), 451-457.

Cowan, N. (2001). The magical number 4 in short-term memory: A reconsideration of mental storage capacity. *Behavor Brain Science*, **24**(1), 87-114.

Goldfried, M. R. (2007). What has psychotherapy inherited from Carl Rogers?. *Psychotherapy: Theory, Research, Practice, Training*, **44**(3), 249-252.

河合隼雄（1994）．日本社会とジェンダー．河合隼雄著作集10．岩波書店

Kirschenbaum, H. (2007). *The life and work of Carl Rogers. Ross-on-wye*. PCCS Books.

Korchin, S. J. (1976). *Modern clinical psychology: Principles of intervention in the clinic and community*. Basic Books.

Lambert, M. J., & Norcross, J. C. (2015). Psychotherapy integration for counselling psychology. In D. Murphy (Ed.), *Counselling pychology: A textbook for study and practice*. John Wiley & Sons Ltd.

大塚秀高（1988）．カウンセリングと教化活動——クライエント中心療法を中心として．現代密教，**1**，110-120．

Rachman, A. W. (1995). *Sandor Ferenczi: The psychoanalyst of tenderness and passion*. Jason Aronson.

Rogers, C. R. (1957). The necessary and sufficient conditions of therapeutic personality change. *Journal of Consulting Psychology*, **21**(2), 95-103.

Rogers, C. (1966). Client-centered therapy. In S. Arieti (Ed.), *American handbook of psychiatry*. Basic Books.

Stricker, G., & Gold, J. R. (1996). Psychotherapy integration: An assimilative, psychodynamic approach. *Clinical Psychology: Science and Practice*, **3**, 47-58.

末武康弘（1997）．クライエント中心療法の展望——ロジャーズ以前と以後の問題を中心に．久能徹・末武康弘・保坂亨・諸富祥彦　ロジャーズを読む．岩崎学術出版社．

末武康弘（2010）．グロリアとロジャーズの出会いおよびその後の関係——グロリアの長女パメラの経験と追想が伝えるもの．現代福祉研究，**10**，135-160．

Sugiyama, T. (2004). A testing depressive process of perceived acceptance and refusal from the others: Daily-mood process and depressive self-focus process of depression. World Congress of Behavioral and Cognitive Therapies 2004 Abstracts (July, 23, Kobe, Japan).

杉山崇 (2013). ふと浮かぶ記憶・思考との付き合い方. 関口貴裕・森田泰介・雨宮有里 (編) ふと浮かぶ記憶と思考の心理学――無意図的な心的活動の基礎と臨床. 北大路書房, pp. 185-228.

杉山崇 (2019). 事例で学ぶ働く人へのカウンセリングと認知行動療法・対人関係療法. 金子書房

杉山崇 (2002). 抑うつにおける被受容感の効果とモデル化の研究. 心理臨床学研究, **19** (6), 589-597.

杉山崇・前田泰宏・坂本真士 (編) (2007). これからの心理臨床――基礎心理学と統合・折衷的心理療法のコラボレーション. ナカニシヤ出版

杉山崇・坂本真士 (2006). 抑うつと対人関係要因の研究――被受容感・被拒絶感尺度の作成と抑うつ的自己認知過程の検討. 健康心理学研究, **19**(2), 1-10.

Weinrach, S. G. (1990). Rogers and Gloria: The controversial film and the enduring relationship. *Psychotherapy: Theory, Research, Practice, Training*, **27**(2), 282-290.

第4章

Bracha, H. S. (2004). Can premorbid episodes of diminished vagal tone be detected via histological markers in patients with PTSD? *International Journal of Psychophysiology*, **51**, 127-133.

Cannon, W. B. (1929). *Bodily dhanges in pain, hunger, Fear andrage. 2nd ed.* Appleton.

Damasio, A. (2003). *Looking for Spinoza : Joy, sorrow, and the feeling brain.* Harcourt.

Eisenberger, N. I., & Lieberman, M. D. (2005). Why it hurts to be left out: The neurocognitive overlap between physical and social pain. In K. D. Williams, J. P. Forgas, & W. von Hippel (Eds.), *The social outcast: Ostracism, social exclusion, rejection, and bullying.* Psychology Press, pp.109-127.

Freud, S. (1926). *Inhibitions, symptoms and anxiety.* 〔井村恒郎 (訳) (1970). 制止・症状・不安. フロイト著作集6. 人文書院, pp. 320-336.〕

金原俊輔 (2013). カール・ロジャーズの生涯. 長崎ウエスレヤン大学地域総合研究所研究紀要, **11**(1), 21-51.

Leahy, R. L. (2007). Schematic mismatch in the therapeutic relationship: A social-cognitive model. In P. Gilbert & R. L. Leahy (Eds.), *The therapeutic relationship in the cognitive behavioral psychotherapies.* Routledge/Taylor & Francis Group, pp. 229-254.

Lodrick, Z. (2007). Psychological trauma: What every trauma worker should know. *The British Journal of Psychotherapy Integration*, **4**(2), 18-28.

南孝典 (2023). フッサール現象学を理解する際の避けがたい困難さについて――初期オイゲン・フィンクの考察を手がかりにして. 國學院大學北海道短期大学部紀要, **40**, 121-139.

Nolen-Hoeksema, S. (1998). Ruminative coping with depression. In J. Heckhausen & C. S. Dweck (Eds.), *Motivation and self-regulation across the life span.* Cambridge

University Press, pp.237-256.

岡本泰昌（2009）．うつ病の病態に関わる脳内基盤．精神神経学雑誌，**111**(11)，1330-1344.

岡本泰昌・土岐茂・高石佳幸・志々田一宏・吉野敦夫・福本拓治・町野彰彦・山下英尚・山脇成人（2012）．うつ病の病態はどこまで明らかになったか？　基礎心理学研究，**31**(1)，58-63.

Perry, B. D., & Pollard, R. (1998). Homeostasis, stress, trauma, and adaptation: A neurodevelopmental view of childhood trauma. *Child and Adolescent Psychiatric Clinics of North America*, **7**, 33.

Porges, S. W. (1995). Cardiac vagal tone: A physiological index of stress. *Neuroscience & Biobehavioral Reviews*, **19**, 225-233.

坂本真士・杉山崇・伊藤絵美（編）（2012）．臨床に活かす基礎心理学．東京大学出版会

末武康弘（1986）．人格およびその変化をめぐる理論的課題――ロジャーズ派人格理論の推移の検討を中心として．教育方法学研究，**7**(7)，137-159.

杉山崇（2013a）．ふと浮かぶ記憶・思考との付き合い方．関口貴裕・森田泰介・雨宮有里（編）ふと浮かぶ記憶と思考の心理学――無意図的な心的活動の基礎と臨床．北大路書房，pp. 185-228.

杉山崇（2013b）．意識と無意識はどこまで明らかになったのか？――意識のワーキング・メモリ理論と A.Damasio 説からの心理療法統合への提案．人間科学研究年報，**8**，5-16.

杉山崇（2014）．臨床心理学における自己．心理学評論，**57**(3)，434-448.

杉山崇（2021）．精神科医が教えない「プチ強迫性障害」という「幸せ」――気になってやめられない「儀式」がある人の心理学．双葉社

杉山崇・前田泰宏・坂本真士（編）（2007）．これからの心理臨床――基礎心理学と統合・折衷的心理療法のコラボレーション．ナカニシヤ出版

杉山崇・越智啓太・丹藤克也（編著）（2015）．記憶心理学と臨床心理学のコラボレーション．北大路書房

月元敬（2013）．ふと浮かぶ記憶・思考の計算論モデル．関口貴裕・森田泰介・雨宮有里（編）ふと浮かぶ記憶と思考の心理学――無意図的な心的活動の基礎と臨床．北大路書房，pp. 119-132.

Williams, H. S., Ralston, A. E., Bracha, T. C., Matsukawa, A. S., & Does, J. M. (2004). "Fight or flight?" need updating? *Psychosomatics*, **45**, 448-449.

安永浩（1992）．ファントム空間論．安永浩著作集 1．金剛出版

第 5 章

Cohen,D. (1997). *Carl Rogers: A critical biography*. Constable and Company.

Gill, M. M. (1994). *Psychoanalysis in transition*. The Anlytic Press.

金原俊輔（2013）．カール・ロジャーズの生涯．長崎ウエスレヤン大学地域総合研究所研究紀要，**11**(1)，21-51.

河合隼雄（1992）．心理療法序説．岩波書店

Kirtner, W. L., & Cartwright, D. S. (1958). Success and failure in client-centered therapy as a function of initial in-therapy behavior. *Journal of Consulting Psychology*,

22(5), 329-333.

Lambert, M. J. (1992). Implications of outcome research for psychotherapy integration. In J. C. Norcross &- M. R. Goldstein (Eds.), *Handbook of psychotherapy integration.* Basic Books, pp. 94-129.

Messer, S. B. (1992). A critical examination of briefstructure in tegrative and eclectic psychotherapy. In J. C. Norcross & M. R. Goldfreid (Eds.), *Handbook of psychotherapy integnation.* Basic Books, pp.130-168.

村瀬孝雄・村瀬嘉代子 (2004). ロジャーズ──クライエント中心療法の現在. 日本評論社

小此木啓吾 (2002). フロイト的態度, フェレンツィ的治療態度. 小此木啓吾 (編) 精神分析辞典. 岩崎学術出版社

Rogers, C. R. (1942). *Counseling and psychotherapy: Newer concepts in practice.* Houghton Mifflin.

杉山崇 (2021). 同化的統合アプローチ. 心理療法統合学会監修, 杉原保史・福島哲夫編 心理療法統合ハンドブック. 誠信書房, pp.70-84.

杉山崇 (2024). 心理療法は人工知能ではなく人が行う必然性と理論的虐待というリスク ──それぞれの同化的統合に向けて. 心理療法統合研究, **1**, 65-72.

丹野義彦 (2020). 公認心理師における認知行動療法と教育研修. 認知行動療法研究, **46**(2), 49-57.

安永浩 (1992). ファントム空間論の発展. 金剛出版

第6章

Alexander, F. G. (1954). Psychoanalysis and psychotherapy. *Journal of American Psychoanalytic Association,* **2**, 722-733.

Berg, I. K., & Miller, S. D. (1992). *Working with the problem drinker: A solution-focused approach.* Norton.

Colloca, L., Noel, J., Franklin, P. D., & Seneviratne, C. (Eds.) (2023). *Placebo effects through the lens of translational Research.* Oxford University Press.

Enck, P., & Zipfel, S. (2019). Placebo effects in psychotherapy: A framework. *Frontiers in Psychiatry,* **10**, Article 456.

Forgas, J. P., & Ciarrochi, J. V. (2002). On managing moods: Evidence for the role of homeostatic cognitive strategies in affect regulation. *Personality and Social Psychology Bulletin,* **28**, 336-345.

Fosha, D. (2002). The activation of affective change processes in AEDP. In J. J. Magnavita (Ed.), *Comprehensive handbook of psychotherapy. Vol. 1: Psychodynamic and object relations psychotherapies.* John Wiley & Sons.

Giesler, R. B., Josephs, R. A., & Swann, W. B., Jr. (1996). Self-verification in clinical depression: The desire for negative evaluation. *Journal of Abnormal Psychology,* **105**(3), 358-368.

Greenberg, L. S. (2001). E*motion-focused therapy: Coaching clients to work through their feelings.* American Psychological Association.

文　献　　*161*

市川玲子・外山美樹・望月聡 (2015). パーソナリティ障害特性における被拒絶感が自己認知および他者からの評価に対する欲求に及ぼす影響. パーソナリティ研究, **23**(3), 142-155.

金政祐司・浅野良輔・古村健太郎 (2017). 愛着不安と自己愛傾向は適応性を阻害するのか？――周囲の他者やパートナーからの被受容感ならびに被拒絶感を媒介要因として. 社会心理学研究, **33**(1), 1-15.

木村敏 (1982). 時間と自己. 中央公論社

Lampert, M. J. (1992). Psychotherapy outcome research: Implications for integrative and eclectical therapists. In J. C. Norcross & M. R. Goldfried (Eds.), *Handbook of psychotherapy integration*. Basic Books, pp.94-129.

Leary, M. R. (2005). Sociometer theory and the pursuit of relational value: Getting to the root of self-esteem. *European Review of Social Psychology*, **16**, 75-111.

Maslow, A. (1943). A theory of human motivation. *Psychological Review*, **50**, 370-396.

Miller, S. D., Duncan, M. A., & Hubble, M. A. (1997). *Escape from Babel: Toward a unifyinglanguage for psychotherapy practice*. Norton.

大橋靖史 (2007). 時間的展望の研究動向. 都筑学・白井利明 (編) 時間的展望研究ガイドブック. ナカニシヤ出版

坂本真士・杉山崇・伊藤絵美 (2012). 臨床に活かす基礎心理学. 東京大学出版会

杉山崇 (2014). 臨床心理学における自己. 心理学評論, **57**(3), 434-448.

杉山崇 (2023). 人は迷いをどう解きほぐせるか：フロイトかユングかアドラーか. さくら舎

杉山崇・越智啓太・丹藤克也 (編著) (2015). 記憶心理学と臨床心理学のコラボレーション. 北大路書房

杉山崇・坂本真士 (2006). 抑うつと対人関係要因の研究――被受容感・被拒絶感尺度の作成と抑うつの自己認知過程の検討. 健康心理学研究, **19**(2), 1-10.

Swann, W. B., Wenzlaff, R. M., Krull, D. S., & Pelham, B. W. (1992). Allure of negative feedback: Self-verification strivings among depressed persons. *Journal of Abnormal Psychology*, **101**(2), 293-306.

Taylor, S. E., & Brown, J. D. (1988). Illusion and well-being: A social psychological perspective on mental health. *Psychological Bulletin*, **103**(2), 193-210.

都筑学 (1982). 時間的展望に関する文献の研究. 教育心理学研究, **30**(1), 73-86.

Wrangham, R. (2019). *The goodness paradox: The strange relationship between virtue and volence in human evolution*. Publishers Weekly.

柳澤邦昭 (2019). 社会神経科学から見る自尊心. 心理学ワールド, **87**, 23-24.

第 7 章

Adler, G., & Myerson, P. G. (Eds.) (1973). *Confrontation in psychotherapy*. Jason Aronson Inc.

Berg, I. K. (1994). *Family based services: A solution-focused approach*. W. W. Norton.

De Jong, P., & Berg, I. K. (2012). *Interviewing for solutions, 4th ed*. Brooks/Cole.

de Shazer, S. (1988). *Clues: Investigating solutions in brief therapy*. W W Norton & Co.

伊藤拓 (2014). ソリューション・フォーカスト・ブリーフセラピーの質問を用いる際の注

意点．心理学紀要（明治学院大学），**24**，63-74.

Kirtner, W. L., & Cartwright, D. S. (1958). Success and failure in client-centered therapy as a function of client personality variables. *Journal of Consulting Psychology*, **22**(4), 259-264.

越野英哉・苧阪満里子・苧阪直行（2013）．脳内ネットワークの競合と協調——デフォルトモードネットワークとワーキングメモリネットワークの相互作用．心理学評論，**56**(3)，376-391.

前田泰宏（2007）．共通要因アプローチ．杉山崇・前田泰宏・坂本真士（編）　これからの心理臨床——基礎心理学と統合・折衷的心理療法のコラボレーション．ナカニシヤ出版

Messer, S. B. (1992). A critical examination of belief structures in integrative and eclectic psychotherapy. In J. C. Norcross & M. R. Goldfried (Eds.), *Handbook of psychotherapy integration*. Basic Books, pp.130-165.

岡本泰昌・吉村晋平・神人蘭・吉野敦雄・松永美希・山脇成人（2013）．うつ病の認知行動療法の脳内基盤．精神保健研究，**59**，17-22.

杉山崇（2019）．事例で学ぶ働く人へのカウンセリングと認知行動療法・対人関係療法．金子書房

杉山崇・越智啓太・丹藤克也（編著）（2015）．記憶心理学と臨床心理学のコラボレーション．北大路書房

杉山崇・巣黒慎太郎・佐々木淳・大島郁葉（2012）．認知療法と治療関係．東斉彰（編）　統合的方法としての認知療法——実践と研究の展望．岩崎学術出版

月元敬（2013）．ふと浮かぶ記憶・思考の計算論モデル．関口貴裕・森田泰介・雨宮有里（編）ふと浮かぶ記憶と思考の心理学——無意図的な心的活動の基礎と臨床．北大路書房，pp. 119-132.

山本哲也（2017）．ニューロイメージングを用いたうつ病の可視化と神経行動的介入方法の有用性．脳循環代謝，**28**，291-295.

第8章

Bandura, A. (1977). *Social learning theory*. General Learning Press.

Cloninger, R. C.・中嶋照夫・中村道彦（1997）．人格と精神病理の精神生物学的モデル——臨床使用のための基本的な知見．（第37回日本心身医学会総会），心身医学，**37**(2)，91-102.

Greenberg, L. S. (2017). *Emotion-focused therapy (Revised ed.)*. American Psychological Association.

神田橋條治（1990）．精神療法面接のコツ．岩崎学術出版社

Persons, J. B. (2012). *The case formulation approach to cognitive-behavior therapy*. Guilford Publications.

Savickas, M. L. (2007). *Career counseling*. American Psychological Association.

杉山崇（2015a）．「どうせうまくいかない」が「なんだかうまくいきそう」に変わる本——認知行動療法で始める，心のストレッチ．永岡書店

杉山崇（編著）（2015b）．入門！産業社会心理学——仕事も人間関係もうまくいく心理マネジメントの秘訣．北樹出版

おわりに：さあ，あなたのカウンセリングを磨きましょう！

　ここまで，熟練レベルのカウンセリングを探求する道のりを，ご一緒してきました。ただ，本書を読むだけでは，あなたのカウンセリングスキルは向上しません。本書に書かれていることは，あなたが実践し続けることで，はじめてあなたのスキルになるのです。

　私からのお願いですが，できれば日々の実務の後に，この本を読み返してください。可能であれば毎日のように読み返すことをオススメします。それが難しくても，できるだけ多く読み返してください。年に1回でもかまいません。カウンセリングの経験値が少しでも増えて，またスキルが少しでも上がると，本書を通して見えてくる世界がまったく変わってくるからです。

　私も，初学者時代に同様の経験をしています。私はバイブルのように師匠，村瀬孝雄の『自己の臨床心理学』や，勉強会で輪読した A. Rachman の *Sandor Ferenczi*，当時は関係者だけで共有されていた河合隼雄の『語録』などを，くり返し読み込みました。経験を重ねて読み返すたびに，違う世界が見えてきました。そのお陰で30年以上，この仕事を続けてくることができました。

　私自身は，師匠や Sandor Ferenczi，河合隼雄のレベルには遠く及びません。しかし，脳科学（神経科学）と二つの統合モデルの力を借りることで，カウンセリング熟練レベルへのナビゲーションとしては，現在，提供可能な，最高レベルの指南書になったと考えています。

　いずれ，科学の発展でもっと良い本も出るのかもしれません。ですが，少なくともこの先の10年は，この本をあなたの実務に伴走させてください。そうすれば，あなたは必ずや，熟練レベルのカウンセリングに到達できるでしょう。

　最後に，前例がない本の出版を快く引き受けてくれた株式会社誠信書房

様，カウンセラー仲間としても温かいお力添えをいただいた編集担当の中澤美穂様に，心からの御礼を申し上げます。

　では，あなたのカウンセリングがステップアップすること，そしてあなたのカウンセリングが多くのクライエントの力になることを願って。

　　2025年1月

杉山 崇

■ 著者紹介

杉山 崇（すぎやま たかし）

神奈川大学教授・大学院人間科学研究科委員長，同大学心理相談センター所長
臨床心理士，公認心理師，1級キャリアコンサルティング技能士
オフィシャルウェブサイト：http://www.sugys-lab.com/

主著書：『公認心理師ハンドブック：心理支援編』（共編著）北大路書房2024年，『人は迷いをど
う解きほぐせるか』さくら舎2023年，『精神科医が教えない「プチ強迫性障害」という「幸せ」』
双葉社2021年，『心理学でわかる発達障害「グレーゾーン」の子の保育』誠信書房2019年，
『キャリア心理学ライフデザイン・ワークブック』（共著）ナカニシヤ出版2018年，『事例で学
ぶ働く人へのカウンセリングと認知行動療法・対人関係療法』金子書房2019年　ほか多数

心理カウンセリング熟練へのロードマップ
──脳科学と2つの統合モデルで越える7つの壁

2025 年 3 月 5 日　第 1 刷発行

著　者	杉　山　　崇
発行者	柴　田　敏　樹
印刷者	田　中　雅　博

発行所　株式会社　誠 信 書 房
☎112 0012　東京都文京区大塚 3-20-6
電話　03-3946-5666
https://www.seishinshobo.co.jp/

©Takashi Sugiyama, 2025　　　　　　　印刷／製本　創栄図書印刷㈱
検印省略　　落丁・乱丁本はお取り替えいたします
ISBN978-4-414-41713-5 C3011　　Printed in Japan

JCOPY ＜出版者著作権管理機構 委託出版物＞
本書の無断複製は著作権法上での例外を除き禁じられています。複製される場合は、そのつど
事前に、出版者著作権管理機構（電話 03-5244-5088, FAX 03-5244-5089, e-mail: info@jcopy.
or.jp）の許諾を得てください。

心理学でわかる 発達障害「グレーゾーン」の子の保育

杉山 崇 著

発達障害グレーゾーンの子の「困った！」に対処する具体的な方法と知識を徹底伝授。適切な理解と対応で大人も子どもも楽になる。

主要目次
第1章 「子どもの発達や成長が気になる」とは何が問題なのか？
第2章 発達障害とは何か？
　　　──脳科学、発達心理学、進化論から見えてくるホントのところ
第3章 「発達障害」とはっきり診断できない「グレーゾーンの子ども」
　　　──どう関わればどう育つのか？
第4章 気になるこの子はどうなるのか？
　　　──意外と悪くない！気になる子どもたちの将来
第5章 「グレーゾーンの子ども」をストレスフリーな付き合い方、育て方に誘導しよう
第6章 他害行為、物損行為、暴言……興奮した子どもを誘導する方法/他

A5判並製　定価(本体1900円＋税)

心理療法統合ハンドブック

日本心理療法統合学会 監修
杉原保史・福島哲夫 編

日本心理療法統合学会の主立ったメンバーによる書き下ろし。400を超える心理療法が併存するなか、多様なクライエントに対し、効果的な方法による実証された支援法を選択するのは至難である。本書は、特定の学派に依拠せず、その存在を否定せず、心理療法統合について議論を交わし研鑽の深まりを望む気鋭の研究者・実践家が、日本におけるこれからの心理療法の統合のあり方を示す決定版。有効性の確立された6つの統合療法や、臨床家育成のトレーニングにも言及。また、重要な最新理論もトピックスにて提示。

目　次
第Ⅰ部　心理療法への統合的アプローチとは
第Ⅱ部　確立された統合的心理療法
第Ⅲ部　心理療法の多様なアスペクトの統合
第Ⅳ部　トレーニング

B5判並製　定価(本体3600円＋税)